Illustrated book of the Olympic games

オリンピック大事典

和田 浩一 監修

世界最大のスポーツの祭典 オリンピック

2020年の夏、東京で第32回オリンピック競技大会と第16回パラリンピック競技大会が開催されます。期間中は、世界中から人々が集まり、出場選手を応援したり、交流を深めたりします。オリンピックは「世界平和」を目的とした世界最大のスポーツの祭典なのです。

2016年に開催された第31回リオデジャネイロ大会（ブラジル）の開会式

もくじ

【Part 1】オリンピックとは？

【Part 2】オリンピックの歴史

【Part 3】発展するオリンピック

【Part 4】2020年 東京大会に向けて

【Part 5】オリンピックの競技を知ろう

夏季オリンピック

2016年 リオデジャネイロ大会から増えた競技

2020年 東京大会で増える競技

冬季オリンピック

※国際オリンピック委員会は、IOCと表記しています。

※「第１回アテネ大会（ギリシャ）」のような表記はオリンピック競技大会を示します。カッコ内は開催国です。

※紹介している情報は、2017年１月現在のものです。

※「障害」の表記については多様な考え方があり、「障害」のほかに「障がい」などとする場合があります。この本では、障害とはその人自身にあるものでなく、言葉の本来の意味での「生活するうえで直面する壁や制限」ととらえ、「障害」と表記しています。

Part 1 オリンピックとは?

平和の祭典でもある オリンピック

オリンピックは４年に１度開かれる、世界一大きなスポーツの祭典です。その目的は、スポーツを通じて体と心をきたえようということ。そして、スポーツを通じて世界を平和にしようということです。オリンピックマークの5つの輪は、アジア、アフリカ、オセアニア、南北アメリカ、ヨーロッパの5大陸が仲よくつながることをあらわしています。開会式に平和の象徴(しょうちょう)としてハトを飛ばしていたのも、平和という目的のためです。

207の国と地域から
11,000人以上の選手が出場

207の国と地域、難民選手団から11,000人以上が参加し、28競技306種目が行われた第31回リオデジャネイロ大会（ブラジル）。第1回アテネ大会（ギリシャ）は、14の国と地域から241人の選手が参加し、9競技43種目を行ったことと比較しても、規模が拡大していることがわかります。

またオリンピックの開催地は、はじめはヨーロッパやアメリカが多かったのですが、1964年以降、アジア（東京や札幌、ソウル、北京）、中米（メキシコシティー）など世界各地で開かれるようになりました。リオデジャネイロ大会は、オリンピック史上はじめて南アメリカ大陸で開かれた大会でした。

参加者数が過去最多に!

南米大陸初のオリンピック大会

2016年夏、ブラジル・リオデジャネイロで「第31回オリンピック競技大会」が開催されました。南半球にあるブラジルは、北半球にある日本とは季節が逆。気温が22度前後という冬のリオデジャネイロでの開催となりました。また南米大陸初のオリンピックとなった今回は、はじめて「難民選手団」が結成され、南スーダンやシリアなどからの難民選手10人が参加しました。

2016年リオデジャネイロ大会開会式で入場する日本選手団

リオデジャネイロ大会

リオデジャネイロ大会では、新しい競技として、7人制ラグビーが採用されたほか、112年ぶりにゴルフが復活。全部で28競技306種目が行われました。205の国と地域、難民選手団から11,000人以上のアスリートが参加し、2008年に開催された第29回北京大会(中国)をこえて過去最多の参加人数になりました。日本から出場した選手は338人です。獲得したメダル数は金12個、銀8個、銅21個の合計41個で、2012年の第30回ロンドン大会(イギリス)で獲得した38個を上回り、過去最多となりました。

難民選手団

リオデジャネイロ大会では、10人の選手からなる難民選手団がはじめて結成されました。難民とは、自国内で戦争が続いていたり、政治的な理由で自国にいると身の危険があったりして、外国に避難している人のことです。難民選手団の選手が生まれた国は、シリアやエチオピア、南スーダンなどさまざまですが、ケニア、ベルギー、ドイツなどに住んで、競技を続けています。選手たちは「離ればなれになった家族に自分の姿を見せたい」などと語り、世界の人々に感動を与えました。

リオデジャネイロ大会で入場行進する難民選手団

リオデジャネイロ大会の開会式

オリンピック開会式

開会式は、「オリンピック憲章」の規定にしたがい、国際オリンピック委員会（IOC）と相談しながら内容を決めます。開催国の国家元首（大統領など）による開会宣言や、自国の文化や歴史を紹介するパフォーマンス、選手宣誓、聖火への点火などが行われます。リオデジャネイロ大会では、ブラジル先住民などの、先人をたたえるショーが行われました。平和を求めるパフォーマンスとして、日系移民にふれる時間を、広島への原爆投下の時間に合わせる演出もありました。

オリンピック閉会式

閉会式では、選手たちは国をこえて、自由に入場行進を行います。1956年の第16回メルボルン大会（オーストラリア）で、ひとりの少年が「戦争、政治、国家をすべて忘れ、閉会式ではひとつになるべきだ」と提案したのがきっかけでした。リオデジャネイロ大会で、日本選手は日本とブラジルの国旗を手に入場しました。また次回オリンピック開催地の東京を代表し、小池百合子都知事が着物姿で登場するなど、会場をわかせました。

閉会式では、国をこえて選手が自由に入場する

リオデジャネイロ大会での選手村の食堂

選手村（オリンピック村）

オリンピック期間中に、参加選手は選手村（オリンピック村）に滞在します。スーパーや銀行、宗教ごとの礼拝施設、医療施設などがあり、食堂では、無料で料理を食べることができます。また、レクリエーション施設やトレーニング室も自由に使え、他国の選手との友情を深めることもできます。一般の人は入れません。リオデジャネイロ大会の選手村の食堂は、ジャンボジェット機が入るほど大きな建物で、1日約200トンの食事が提供されました。

関連キーワード｜オリンピック憲章▶P11

世界中の人が手をつないでいくために
オリンピックがめざすもの

近代オリンピックの創始者、ピエール・ド・クーベルタンは、「オリンピックは勝つことではなく、参加することに意味がある」と語りました。オリンピックは、一般のスポーツ大会とはちがい、スポーツを通じて、世界に平和をもたらそうという理想をかかげたイベントです。その理想に向かってみんなが協力し合う「道のり」こそが、大事なのです。

オリンピズム

ピエール・ド・クーベルタンが、オリンピックにこめた考え方を「オリンピズム」といいます。スポーツを通じて体と心をきたえることや、肌の色、話す言葉、国のちがいに関係なく友好を深め、平和な世界を築いていこうという精神のことです。なぜ、クーベルタンがそういう考えをもったのでしょう。

当時は世界各国で戦争や皇帝の暗殺があったり、大きな国が小さな国を支配したりして、とても「平和」とはいえない時代でした。若者は軍人になって戦うことが当たり前という時代に、武器ではなく「平和」に目を向けることが大事だと、クーベルタンはうったえたのです。

近代オリンピックの父・クーベルタン

1863年1月1日、フランスの貴族の家に生まれたピエール・ド・クーベルタン。彼が子どものころ、フランスはプロイセン王国との戦争に敗れたばかりで、国全体に暗いムードがただよっていました。教育に力を入れて、未来を明るくしたいと考えたクーベルタンは、20歳のとき、イギリスのパブリック・スクールを見学。そこで見たのが、スポーツで紳士的に競い合う生徒たちの姿でした。教育とは知識をつめこむことではなく、体と心をきたえて、人間としての成長をめざすことであると学んだのです。イギリスから帰国後、クーベルタンは高校生のスポーツ活動を支援しながら、オリンピズムの考え方をまとめていきました。

近代オリンピックの創始者ピエール・ド・クーベルタン

オリンピック憲章

オリンピックについての決まりをすべて、文章にまとめて書いてある「オリンピックの憲法」のようなもの。この中には、オリンピズムの原則や、オリンピック大会の開き方などが書いてあります。最初につくったのはクーベルタンで、国際オリンピック委員会（IOC）の役員、選手、開催都市など、オリンピックに関わるすべての人が守らなければなりません。現在では、規則を変える必要があれば、IOCが話し合って決めています。たとえば、もともとオリンピックに参加できるのは「アマチュア」だけでしたが、1974年版の憲章からは「アマチュア」という言葉が消えました。

IOC倫理規程

オリンピック憲章を守るためにどんな行動をすべきか、どんな行動をしてはいけないか、また違反したときにどんな処分を受けるかを決めた規則。

たとえば、使ってはいけない薬を使ったり、不正な行為をしたりした選手は失格になり、もし競技でメダルを獲得したとしても、メダルは返さなければならないということなどが、書かれています。

オリンピズムの原則

オリンピズムの中で、いちばんもとになる考えのことを「根本原則」といいます。今は「7つの原則」があります。そのうちの特に大切な3つを紹介します。

❶オリンピズムは生き方の哲学

オリンピズムは肉体、意志、精神のすべての質を高めて、バランスよく結合させる生き方の哲学です。運動の能力や体力があり、自分を信じる心や相手を思いやる気持ち、技術を高める知識もある。それが人間としての生き方にもつながるという考え方です。

❷人間の尊厳保持と平和な社会

肌の色や年齢、性別、人種、言葉、文化がちがっても、平等な人間であることを認めあい、いじめや差別をしないということ。それが、平和な社会をつくることにつながります。

❸オリンピック・ムーブメント

オリンピズムの実現のために世界中で行われる活動を、オリンピック・ムーブメントといいます。4年に1度開かれているオリンピック大会は、活動の中心となる最大のオリンピック・ムーブメントです。

関連キーワード｜オリンピック・ムーブメント▶P13｜国際オリンピック委員会（IOC）▶P16

スポーツを通じた教育と平和の実現に向けて

オリンピックが大切にしているもの

オリンピックの目的は「世界の平和」を築くこと。そのために大切にしているモットーや、その目標に近づくための考え、広めていくための活動などがあります。それはアスリートだけではなく、わたしたちも一緒になってできることなのです。

オリンピックのモットー

「より速く、より高く、より強く」。これがオリンピック憲章に書かれているオリンピックのモットーです。「モットー」とは、目標に向かって努力するときにかかげる言葉のこと。スポーツをするときだけではなく、目標に向かってがんばるすべての場面で大切にしたい言葉です。

フェアプレー

どんなスポーツにもルールがあります。スポーツではルールを守り、正々堂々とふるまうことが大事です。それがフェアプレーの精神です。選手はルールを守って競い合うからこそ、相手を尊敬し、おたがいを高め合うことができるのです。

関連キーワード｜オリンピック憲章▶P11

オリンピック・ムーブメント

オリンピックのあるべき姿（オリンピズム）を世界中の人々によく知ってもらい、その考え方を広めていくための活動のこと。４年に１度開かれるオリンピック大会も「オリンピック・ムーブメント」の活動のひとつです。また国際オリンピック委員会（IOC）は、フェアプレーの精神を広めること、世界各地でスポーツ競技大会を活発に行うこと、男女平等な社会を実現すること、アスリートの健康を守ることなど、16もの項目に、日々取り組んでいるのです。

世界の５大陸をあらわす五輪旗

オリンピックマーク（シンボル）

オリンピックマーク（シンボル）は、白地に５つの輪が、「W」の形で重なりながらつながったもの。このマークをデザインしたのはクーベルタンで、５つの輪は世界の５大陸（アジア、アフリカ、オセアニア、南北アメリカ、ヨーロッパ）をあらわしています。クーベルタンは、青・黄・黒・緑・赤の輪の５色と地の色（白）を合わせた６色があれば、世界中の国旗を描くことができるとして、世界の人々が手をつなぐことが大切だという意味をこめました。

オリンピック・レガシー

オリンピックは人類にとっても、開催国やその都市にとっても、あとあとまで「やってよかった」と思えるものでなければなりません。オリンピック・レガシーとは、そんなオリンピックがもたらす「遺産」のことです。遺産には形のあるものと、ないものがあります。形のあるものでは、競技や開会式のための競技場、多くの観客をむかえたり、運んだりするための鉄道網の整備や、高速道路の建設などがあります。形のないものとしては、オリンピックを成功させたという自信やほこり、スポーツのおもしろさを再発見する喜び、その国の言葉や食べ物が世界に知られるきっかけになることなど、さまざまなものがあります。自然破壊や借金など、マイナスの遺産を残さないことも大切です。

関連キーワード｜国際オリンピック委員会（IOC）▶P16

地域、年代などに分かれて開催される さまざまなオリンピック

オリンピックにはいろいろな種類があることを知っていますか？　テレビなどではあまり放送されていませんが、夏季、冬季オリンピックのほかにも、若いアスリートの大会や地域ごとなどの大会、パラリンピックが行われています。

冬季オリンピック

正式名称は、「オリンピック冬季競技大会」。1924年、フランスで行われたシャモニー・モンブラン大会が第1回冬季大会。当初、この大会は試験的に開かれたのですが、大成功に終わったので、継続して行われることになりました。はじめは夏季オリンピックと同じ年の冬に開かれていましたが、1994年の第17回リレハンメル大会（ノルウェー）からは、夏季オリンピックの2年後に冬季オリンピックが開かれる今のスタイルになりました。

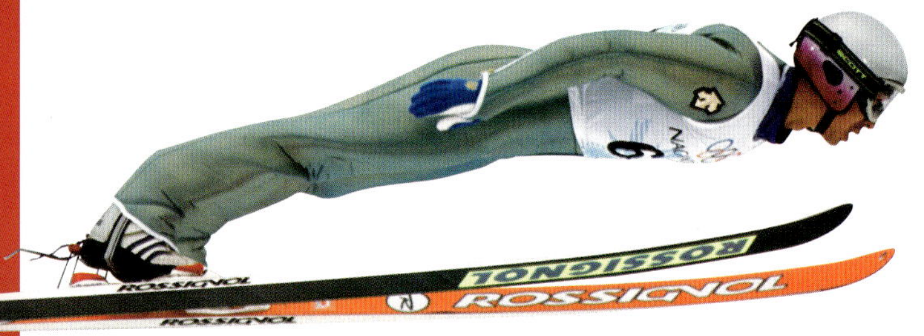

1998年長野で開催された冬季オリンピック。大ジャンプを見せた原田雅彦選手

夏季オリンピック

正式名称は「オリンピアード競技大会」。古代ギリシャで行われていたオリンピックにならって4年に1度行われています。現在は、夏に行われているので、夏季オリンピックともいいます。

2000年シドニー（オーストラリア）で開催された夏季オリンピック。陸上女子マラソンで優勝した高橋尚子選手

プレオリンピック（テスト大会）

オリンピックが開かれる前に、開催予定地で行われる大会のこと。本番のリハーサルをかねた大会です。発祥の地は、じつは日本。1964年の第18回東京大会の前年に、大会組織委員会が諸外国によびかけて、非公式の「東京国際スポーツ大会」を開いたのです。その後、プレオリンピック（テスト大会）は、各開催都市で開かれるようになりました。

リオデジャネイロ大会（ブラジル）の自転車競技のプレオリンピック

関連キーワード｜オリンピアード▶P22

シンガポールで開催された第１回ユースオリンピック競技大会のトライアスロン女子で、金メダル第１号に輝いた佐藤優香選手

ユースオリンピック競技大会

14歳から18歳までの若いアスリートのための国際的な総合競技大会です。夏季大会は2010年から、冬季大会は2012年から始まり、それぞれ４年ごとに開かれます。

2010年にシンガポールで開かれた第１回夏季大会には、205の国・地域から約3,600人の選手が参加。実施競技は26競技201種目。若いアスリートたちに、スポーツや文化、教育が一体となったイベントを経験してもらい、オリンピックにこめられた「オリンピズム」の考えを理解してもらうことが目的です。

アジア競技大会

アジア・オリンピック評議会（OCA）が主催する、アジア地域を対象にした国際的な総合競技大会で、４年に１度開かれます。1951年に、ニューデリー（インド）で第1回夏季大会が開かれ、1986年には札幌で第1回冬季大会が開かれました。アジア競技大会では、インド生まれのカバディや、東南アジアで古くから行われてきた、サッカーとバレーボールを足したようなスポーツのセパタクローなど、アジアの伝統スポーツも行われます。

インドの国技でもある「カバディ」

パラリンピックの父ともいわれるルードウィッヒ・グットマン博士

パラリンピック

パラリンピックは障害者を対象とした、もうひとつのオリンピックです。1948年、ドイツ人の医師、ルードウィッヒ・グットマンは、第二次世界大戦でけがをした兵士たちのリハビリのために、イギリスの病院内でアーチェリー大会を開きました。この大会はその後も続けられ、1960年にローマで開かれた大会が、第１回パラリンピックになりました。パラリンピックの名称は、「もうひとつの（Parallel）」「オリンピック（Olympic）」を意味しています。

関連キーワード｜パラリンピック▶シリーズ別巻

オリンピックを取り巻く組織

オリンピックの主役はなんといっても、競技に参加する選手です。けれども、選手だけでオリンピックができるわけではありません。たくさんのスポーツ組織や団体、それに関わる人々がオリンピックを準備し、運営し、支えています。

オリンピック競技大会組織委員会(OCOG)

大会に関するすべての活動を進める

オリンピックを開催する都市が組織する実行機関。オリンピックが成功するように、大会の準備から終了までのすべての活動を、IOCやNOC、IFなどと協力しながら進めます。2020年東京大会の組織委員会は、JOCと東京都によって、2014年に設立されました。

オリンピックの中心

国際オリンピック委員会(IOC)

国際オリンピック・アカデミー(IOA)

研究・教育を行う

設立:1961年／本部:アテネ(ギリシャ)

オリンピズムの普及やオリンピックに関する研究・教育を目的とする国際組織。

国内オリンピック・アカデミー(NOA)

世界各国で教育などを行う

世界には、国際オリンピック・アカデミーに加盟している各国オリンピック・アカデミーが、148(2016年1月現在)あります。

日本オリンピック・アカデミー(JOA)

日本での教育も実施

設立:1978年／事務局:東京(日本)

世界で6番目のオリンピック・アカデミー。

国内オリンピック委員会(NOC)

オリンピズムの考えを広める

IOCに加盟している国や地域の中にあるオリンピック委員会です。それぞれの国の人たちがスポーツに参加することをうながし、オリンピズムの考えを広めるための団体です。オリンピック大会に選手を派遣することも、仕事のひとつです。

日本オリンピック委員会(JOC)

日本人選手の派遣にも関わる

設立:1911年／事務局:東京(日本)

日本では、日本オリンピック委員会が、NOCにあたります。

世界オリンピアンズ協会（WOA）

元オリンピック選手の組織

設立：1995年／本部：ブタペスト（ハンガリー）

世界中の元オリンピック選手（オリンピアン）の力によって、オリンピック・ムーブメントを推進し、より平和な世界をつくろうと設立されました。各国のオリンピアンズ協会はWOAのメンバーです。2014年にはエボラ出血熱が流行する西アフリカを支援するため、金メダリストたちが寄付をよびかけました。

日本オリンピアンズ協会（OAJ）

日本代表選手たちの組織

設立：2007年／事務局：東京（日本）

国内のオリンピアン同士の友好を深め、WOAの一員として、オリンピック・ムーブメントを推進するために設立されました。オリンピック大会の日本選手団で、監督やコーチ、ドクター、トレーナーなどのスタッフとして活躍した人も、準会員として活動できます。

設立：1894年／本部：ローザンヌ（スイス）

オリンピック・ムーブメントで、中心となる機関。「スポーツを通じて体と心をきたえ、世界に平和と友好をもたらそう」という「オリンピズム」の考えを世界に広めることが役割です。「オリンピック憲章」に沿ったオリンピックの活動を行います。

スポーツ仲裁裁判所（CAS）

スポーツ界のトラブルを解決

設立：1984年／本部：ローザンヌ（スイス）

スポーツに関するトラブルが起きたときに、公正中立な立場で解決にあたる仲裁機関。

日本スポーツ仲裁機構（JSAA）

日本の代表選手のトラブルを解決

設立：2003年／本部：東京（日本）

代表選手選考やドーピング規則違反による資格停止処分など、スポーツをめぐる争いを公正かつ、適正、迅速に解決し、競技者がスポーツに打ちこみやすくするためにつくられた組織です。

世界アンチ・ドーピング機構（WADA）

スポーツの公平な価値を守るために

設立：1999年／本部：モントリオール（カナダ）

薬物を不正に使用して競技能力を高めるドーピングは、スポーツの公平な価値を失わせます。IOCやIFなどと協力して、ドーピング検査を行ったり、禁止薬物のリストをつくったりする活動に取り組んでいます。

日本アンチ・ドーピング機構（JADA）

日本国内の機関

設立：2001年／事務局：東京（日本）

日本国内でアンチ・ドーピング活動を行う機関です。

国際競技連盟（IF）

各スポーツのルールも定める

さまざまな競技のルールを、世界的なレベルで管理している組織。各スポーツ競技のルールを定めたり、国際的なスポーツ競技大会を主催・運営したりします。

国内競技連盟（NF）

国内の各スポーツ競技を統轄

国内で、各スポーツ競技を統轄する団体。選手の強化なども行います。

形あるもので支える
オリンピックを象徴するアイテム

金・銀・銅のメダル、聖火など、オリンピックに欠かせない道具やものがあります。ここでは、それらがどんな意味をもっているのかを紹介します。

メダル

個人種目でも団体競技でも、優勝者（チーム）には金メダル、第2位には銀メダル、第3位には銅メダルがおくられます。3位の人までメダルがもらえるようになったのは、1900年の第2回パリ大会（フランス）からで、1896年の第1回アテネ大会（ギリシャ）では1位が銀メダル、2位が銅メダルでした。夏季大会のメダルの表面のデザインは、1928年の第9回アムステルダム大会（オランダ）から2000年のシドニー大会（オーストラリア）まで、ほぼ同じデザインが採用され、腰かけた勝利の女神ニケと、古代ローマのコロッセオが描かれていました。裏面のデザインは大会ごとにちがいます。

1964年東京大会のメダル

デザインは金・銀・銅とも同じです。表面に「勝利者を肩車した男性の群像」、裏面に「勝利の女神」がほってあり、「大会名」「競技名」が記載されていました。

硬貨を製造する大蔵省造幣局（現・独立行政法人造幣局）の工芸官によるデザイン

1998年長野大会（冬季）のメダル

夏季大会のものに比べて、開催地の個性が強くあらわれる冬季大会のメダル。長野大会では七宝焼と、長野県の伝統工芸である木曽漆器の技術を使っています。

オリーブの葉のリングの中に朝日が置かれ、七宝焼のエンブレムがそえられている

2016年リオデジャネイロ大会のメダル

表面には「アテネのパナシナイコ競技場」と勝利の女神「ニケ」、裏面には「大会エンブレム」「オリンピックマーク」などが描かれています。

銀と銅のメダルの30%はリサイクル素材でつくられている

聖火・聖火リレー

聖火とは、国際オリンピック委員会（IOC）の責任のもとで、古代オリンピックが行われていたギリシャ・オリンピアのヘラ神殿の前で採火するものです。最初に灯されたのは、1928年の第9回アムステルダム大会（オランダ）。その後、1936年の第11回ベルリン大会（ドイツ）からは、競技場に聖火を灯すだけでなく、聖火リレーが始まりました。聖火リレーとは、国境をこえて、さまざまな人が協力して聖火を運ぶ行事です。神聖な火を通して古代と近代のオリンピックをつなぐ意味や、平和の祭典というオリンピズムの目的をアピールする意味があります。オリンピックの閉会式で聖火は消され、また次のオリンピックのときに採火されます。

ギリシャ・オリンピアの
ヘラ神殿で採火した聖火

エンブレム

ある考え方や、特定の人・物をあらわすときに使われるマークのことを、エンブレムといいます。オリンピックのエンブレムは、オリンピックマークと開催地の特徴を示すデザインを合わせたものです。IOCの承認を受けなければ使えません。2020年の第32回東京大会のエンブレムは、江戸時代に広まった市松もようを、伝統的な染物で使われるあい色で描いたもので、形のちがう3種類の四角形を組み合わせて、「多様性と調和」が表現されています。

ピクトグラム

ピクトグラムは「絵文字」のこと。オリンピックは国際的な行事なので、どの国の人にもひと目でわかるような絵文字がとても役に立ちます。オリンピック・ピクトグラムには、それぞれの競技をあらわす「競技ピクトグラム」と、駅や、バス停、選手村、会場のトイレや食堂などをあらわす「施設ピクトグラム」があります。

ピクトグラムは大会ごとにつくられますが、現在のようにすぐれたデザインになったのは、1964年の第18回東京大会からだといわれています。

1964年東京大会のころの競技ピクトグラム（左）と施設ピクトグラム（右）

関連キーワード｜オリンピックマーク▶P13｜古代オリンピック▶P22

Part 2 オリンピックの歴史

古代から近代オリンピックまで
歴史を年表でみよう

オリンピックは、紀元前から開催されていたスポーツの祭典です。宗教や戦争などを理由に中断したことはありましたが、スポーツを通じた平和の祭典が今も続いているのです。

●ペルシア戦争で「マラトンの戦い」が起こる（紀元前490年）
この戦いで、ペルシア軍に勝ったことを味方に伝えるため、あるギリシャ兵がマラトンからアテネまでの約40キロメートルを走ったのが「マラソン」の由来です。

●パルテノン神殿が建てられる（紀元前447〜438年）

エケケイリア（聖なる休戦）
古代オリンピック大会の前後1か月（のちに3か月）は、ギリシャ内のすべての争いが禁じられました。このエケケイリアの平和思想は、近代オリンピックにも引き継がれています。（→P22）

近代オリンピックがはじめて開かれる
フランスのクーベルタンが世界によびかけ、オリンピックを復活させました。（→P24〜25）
●第1回アテネ大会（1896年）

古代オリンピックがはじめて開かれる
ギリシャのオリンピアで競技祭が始まりました。はじめは短距離走だけでした。（→P22〜23）
●第1回大会（紀元前776年）

●ローマ帝国がギリシャを支配（紀元前146年）

●ミロのヴィーナスがつくられる（紀元前100年ごろ）

古代オリンピックの歴史が終わる
ローマ帝国ではキリスト教が国の宗教となり、古代ギリシャの宗教的な行事だった古代オリンピックは廃止されました。
●第293回大会（393年）

紀元前 800	700	600	500	400	300	200	100	0	100	200	300	400	600
縄文時代					弥生時代					古墳時代			

●ネパールで釈迦が生まれる（紀元前5世紀ごろ）

●中国で万里の長城の工事が始まった（紀元前3世紀）

●イタリアでコロッセオ（円形闘技場）が建てられる（80年ごろ）

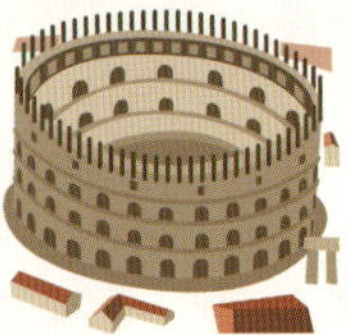

●後漢（中国）から「漢委奴国王」と刻印された金印を受け取る（57年）

●土偶がつくられる

●西日本から稲作が始まる

 古代オリンピック  近代オリンピック  中止 ●世界のできごと ●日本のできごと

幻の東京大会

第12回の夏季大会（1940年）は東京で、冬季大会は札幌で開催されることが決まっていました。しかし日本は戦争の影響で、1938年に大会を返上。その後ヘルシンキで開催されることが決まりましたが、1939年に第二次世界大戦が勃発したため、中止になりました。

●第12回東京大会（返上）ヘルシンキ大会（中止）
●冬季札幌大会（中止）

続くボイコット

第21回 モントリオール大会（1976年）、第22回モスクワ大会（1980年）、そして第23回 ロサンゼルス大会（1984年）など、政治的対立を理由に多くの国が参加しない、さびしい大会がありました。

世界を巻きこみ争いが続く

1944年にロンドンで開催予定だった第13回大会も、戦争が激しくなったため中止になりました。（→P28）

●第13回ロンドン大会（1944年）

冬季

夏季と冬季の大会が2年おき交互の開催に

開催年の調整が必要になり、第17回大会は、第16回アルベールビル大会（1992年）とは、2年しか間をあけずに行われました。（→P31）

●第17回リレハンメル大会（1994年）

戦争のため開催を断念

第一次世界大戦のため中止されました。（→P28）

●第6回ベルリン大会（1916年）

冬季

ウィンタースポーツの祭典が誕生

第1回の冬季大会が試験的に開かれました。（→P30）

●第1回シャモニー・モンブラン大会（1924年）

聖火リレーがはじめて冬季大会に

開催地のノルウェーは、第二次世界大戦時に、連合軍とドイツの戦いによって国土が焼け、家屋や草木などもなくなったことで、復興へのきっかけとして開催地に立候補しました。（→P30）

●第6回オスロ大会（1952年）

平和の祭典が取りもどされる

3大会ぶりに、世界の国々がオリンピックに出場しました。（→P29）

●第24回ソウル大会（1988年）

夏季大会が56年ぶりに日本へ

（→P29、P48～57）

●第32回東京大会（2020年）

1890 1900 1910 1920 1930 1940 1950 1960 1970 1980 1990 2000 2010 2020

江戸時代 明治時代 大正時代 昭和時代 平成時代

●キュリー夫妻がラジウムを発見する（1898年）

●ノーベル賞が創設される（1901年）

●ライト兄弟の飛行機が空を飛ぶ（1903年）

●第一次世界大戦（1914～1918年）

●第二次世界大戦（1939～1945年）

●テレビ放送が始まる（1953年）

●カラーテレビ放送が始まる（1960年）

●東海道新幹線が開通（1964年）

●アポロ11号が月面に着陸する（1969年）

●ベルリンの壁が崩壊する（1989年）

●EUが発足する（1993年）

●阪神・淡路大震災（1995年）

●アメリカで同時多発テロが起こる（2001年）

●東日本大震災（2011年）

1200年も続いた
古代オリンピックの歴史

紀元前776年から紀元後（西暦）393年まで、ギリシャのオリンピアで、4年ごとに開かれていた「古代オリンピック」。オリンピアの神を信仰する宗教的な行事として、1200年近くも続いていました。

古代オリンピック

古代ギリシャでは、ギリシャ神話の最高神ゼウスの神域である聖地オリンピアをめぐって、人々が争っていました。その争いを中止し、オリンピアで行われた、ゼウスにささげる競技の祭典が古代オリンピックの始まりといわれています。つまり古代オリンピックは、オリンピアの神を信仰する宗教的な行事だったのです。

紀元前776年に第1回が行われてから1200年近くも続きましたが、ギリシャがローマ帝国の支配を受け、キリスト教の信仰を強制されたことから、第293回を最後に開かれなくなりました。

オリンピック出場選手の練習場だったパライストラの遺跡（オリンピア）

オリンピアード

オリンピアードとは、古代ギリシャ人が使っていた時間の単位のこと。4年をひとつの単位として、オリンピアードとよんでいました。古代オリンピックは、オリンピアードに合わせて、4年に1度行われていたのです。クーベルタンは、この伝統にしたがって、近代オリンピックの大会を4年ごとに開催することにしました。

エケケイリア（聖なる休戦）

古代オリンピックはゼウスにささげる祭典だったため、血を流すことは禁じられていました。そこで祭典期間の5日間をはさんだ約3か月を、休戦期間としました。これを、「エケケイリア（聖なる休戦）」といいます。エケケイリアのあいだ、聖地オリンピアがあるエリスという国では、武器を持つことや争いごとなどがすべて禁じられていました。これによって、遠くから訪れる選手や観客は安全に競技に参加したり、観戦したりできるようになったのです。

この休戦は、近代オリンピックにレガシーとして受け継がれています。

古代オリンピックの競技

古代オリンピックで行われた競技は、当初は1種目だけでした。スタディオン走という、競技場の直線コース（192.27m）を走る競走です。第1回から第13回大会まで行われていました。その後、格闘技や馬の競技などが加わりました。紀元前724年の第14回大会から始まったのが、スタディオン走の2倍の距離を走るディアウロス走です。このほか、馬が引く戦車で速さを競う戦車競走や、パンクラチオンという格闘技、五種目（スタディオン走、幅とび、円盤投げ、やり投げ、レスリング）をひとりでこなすペンタスロンなどの競技もありました。

第1回は直線コースを走る競技のみだった古代オリンピック

オリーブの冠

古代オリンピックの優勝者には、オリーブの葉でつくられた冠がおくられました。古代ギリシャでは、オリーブの木はヘラクレスが常春の地から持ち帰った神聖なものと信じられていました。また、水がほとんどない土地でも育つことから、不死の象徴となり、勝利者にふさわしいものになったと考えられています。

選手は名誉をかけて競技に出ていましたが、出身地の町から商品を受け取っていたこともわかっています。

コラム

古代ギリシャの四大競技祭

オリンピアのほかの都市でも競技祭が開かれていました。神をたたえるスポーツの祭典は、ギリシャ人の生活と結びついていたのです。デルフォイではピュティア競技祭、イストミアではイストミア競技祭、ネメアではネメア競技祭が開かれ、オリンピアの競技祭をふくめて、四大競技祭とよんでいました。競技祭でたたえる神は、ゼウスだけではなく、ピュティア競技祭では太陽神アポロン、イストミア競技祭では海の神ポセイドンと、地域によってちがっていました。また、どの競技祭にも女性の参加は認められておらず、男性も「罪をおかしていない」などの条件をみたす必要がありました。

関連キーワード｜戦車競走・パンクラチオン▶P32

スポーツを通じた世界平和のために

近代オリンピックの誕生

古代オリンピックが開催されなくなってから、約1500年後の1896年に始まった近代オリンピック。それは、「スポーツを通じた世界平和」の実現を願って復活させたものでした。

第1回と第28回のアテネ大会の会場となった、パナシナイコスタジアム

近代オリンピック

1766年にイギリス人のチャンドラーが古代オリンピアの遺跡の一部を発掘します。これをきっかけに、古代オリンピックへの関心が高まり、ヨーロッパではオリンピックと名のつく競技大会が開かれるようになりました。たとえばイギリスのマッチ・ウェンロックという町では、医師のブルックスによって、1850年からオリンピアン競技会が開かれるようになりました。トルコから独立したギリシャでは競技場が復元され、1859年以降オリンピアン競技祭が不定期に開かれるようになりました。

このような状況は、クーベルタンに大きな影響を与えます。1883年、平和を求める気持ちが強かった彼は、スポーツと勉学を両立するイギリスのパブリック・スクールの生徒たちに、心打たれます。1890年には、マッチ・ウェンロックのオリンピアン競技会を見て、古代オリンピックを復活させ、スポーツを通して世界平和を実現しようと思い立ちます。そして1894年、パリで開かれた国際会議で、オリンピックの復活をよびかけると、満場一致で受け入れられました。これが近代オリンピックの誕生です。

関連キーワード｜クーベルタン▶P10

第1回アテネ大会

1894年の国際会議で、第1回の大会を、1896年にギリシャのアテネで開くことが決まりました。アテネ大会には14の国と地域から選手が集まりました。陸上、水泳、レスリング、体操、フェンシングなど9競技が実施され、1位には銀メダル、2位には銅メダルがおくられました。また女性の参加は認められていませんでした。

オリンピックデー

国際オリンピック委員会(IOC)がつくられたのは、1894年6月23日、パリの国際会議でのこと。第二次世界大戦後の1948年に、IOCは第42次総会で、6月23日を「オリンピックデー」と定め、記念のイベントなどを行うことをよびかけました。同年の第14回ロンドン大会(イギリス)には、敗戦国の日本は参加が認められていませんでしたが、開会式の7月29日に、明治神宮外苑競技場で、「オリンピックデー」を記念する行事を開きました。

日本オリンピック委員会(JOC)は、オリンピック選手と市民ランナーが一緒に走るイベント「オリンピックデーラン」を開催している

オリンピック讃歌

オリンピック讃歌は、開会式でオリンピック旗がかかげられるときに流れる曲。第1回アテネ大会(ギリシャ)のために、ギリシャの作曲家スピロス・サマラスが作曲したものです。楽譜は一時、行方不明になりましたが、1958年に無事、発見されました。その後、日本人の作曲家・古関裕而が編曲したものを、国際オリンピック委員会(IOC)で演奏したところ大好評となり、開会式などで演奏されるようになりました。

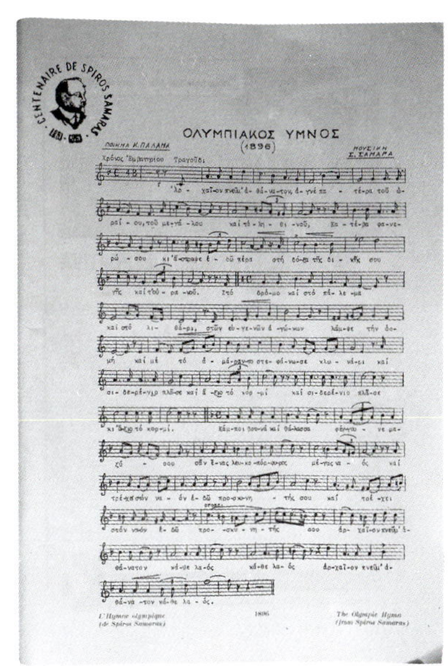

一時行方不明となったものの、発見された「オリンピック讃歌」の楽譜

オリンピック休戦

IOCは1992年に、古代ギリシャの「エケケイリア」にならい、「オリンピック休戦」をよみがえらせることを決めました。翌年の国連総会で、「オリンピック停戦の遵守に関する決議」が採択されました。2000年には、オリンピックの平和の祭典を象徴するものとして、オリンピック休戦センターがアテネに設置されました。

コラム

ミュンヘン事件

1972年の第20回ミュンヘン大会において、大会11日目の9月5日に、パレスチナの武装ゲリラが選手村の宿舎を襲撃し、敵対するイスラエルの選手たちを殺害するという悲しい事件がありました。オリンピック休戦の理念が傷つけられた事件といえます。

関連キーワード | 国際オリンピック委員会(IOC)▶P16 | エケケイリア▶P22

世界地図でみるオリンピ

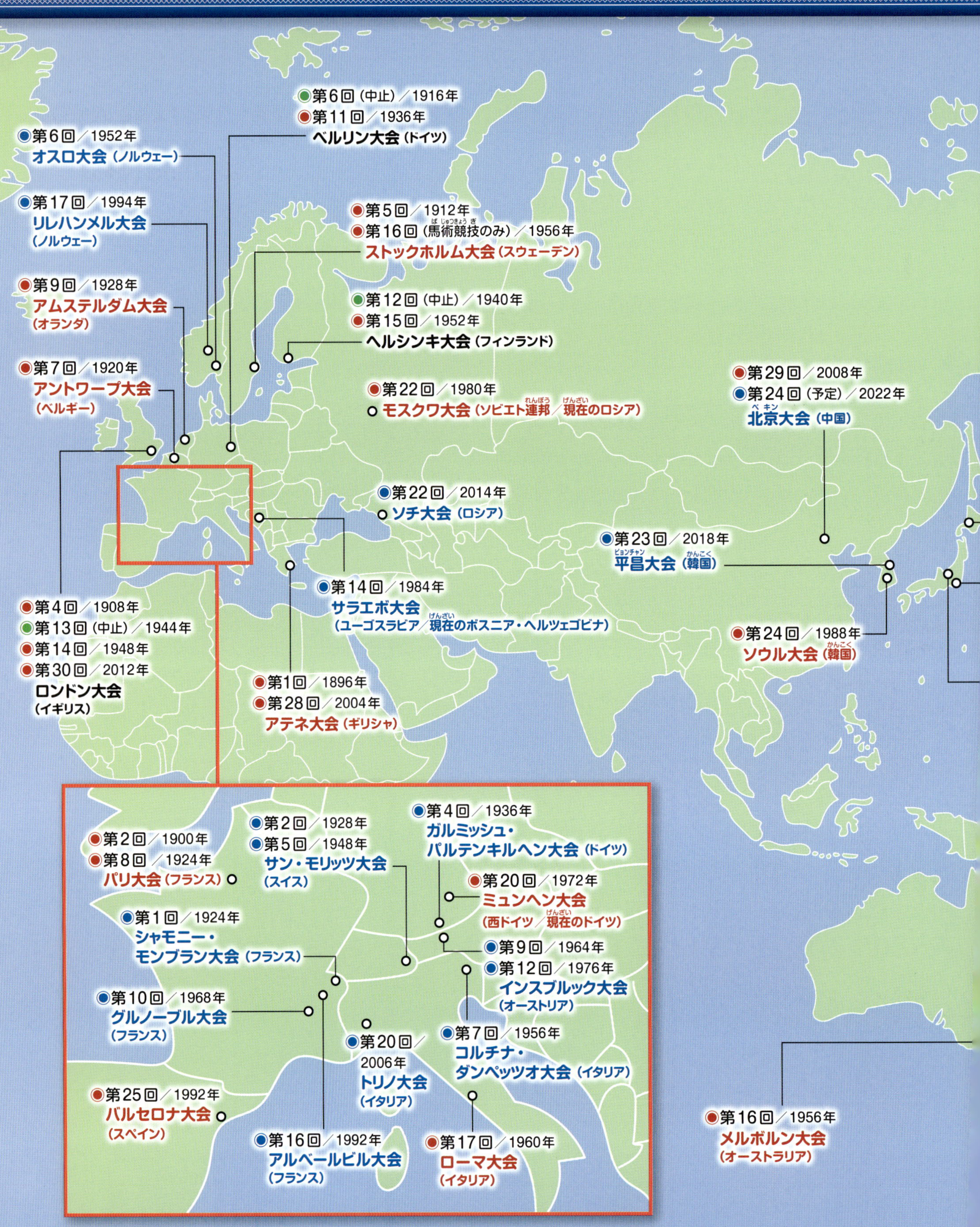

ック開催地

オリンピックは、今までに夏季大会が31回（うち3回は中止）、冬季大会が22回、合計50回開催されています。開催地は地球上の４つの大陸に広がりました。

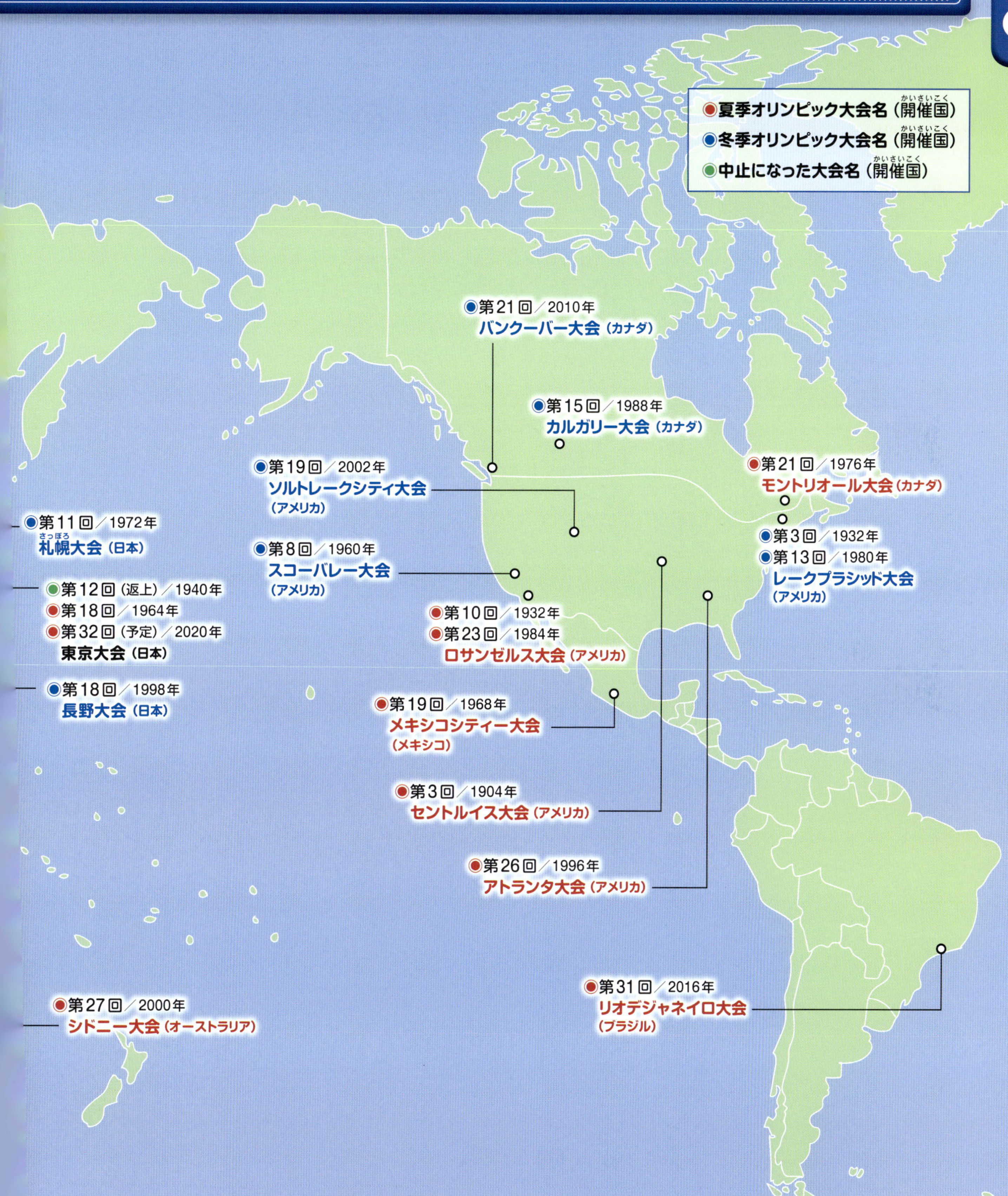

夏季オリンピック大会

さまざまな競技が行われる

開催地年表

アテネ大会（ギリシャ）

ギリシャの首都アテネで開かれた。競技は陸上、水泳、レスリング、体操、射撃、フェンシング、テニス、自転車、ウエイトリフティングの9競技。14の国と地域から男子選手のみが参加した。まだ国ごとではなく、選手は個人の資格で参加した。

パリ大会（フランス）

ゴルフやテニスなどに女子選手が初出場した。

セントルイス大会（アメリカ）

万博の付属大会で、アメリカ初の大会。

ロンドン大会（イギリス）

フィギュアスケート競技が行われた。

ストックホルム大会（スウェーデン）

競技種目や規則が整理され、基礎が確立された。

ベルリン大会（ドイツ）

第一次世界大戦が始まったため、中止。

アントワープ大会（ベルギー）

第一次世界大戦が終わり、「平和の祭典」として開催された大会。はじめてオリンピックマーク（シンボル）が描かれた旗がかかげられた。

パリ大会（フランス）

はじめて大規模な選手村が設置された。

アムステルダム大会（オランダ）

近代オリンピックではじめて、聖火が灯された。

ロサンゼルス大会（アメリカ）

陸上競技で写真判定が導入された。

ベルリン大会（ドイツ）

第二次世界大戦が近づく中、ナチス・ドイツの国力アピールの場となった大会。（→P47）

ヘルシンキ大会（フィンランド） 幻の東京大会

東京での開催が決まっていたが、日中戦争が始まり返上。その後ヘルシンキでの開催が決まったものの第二次世界大戦が始まり中止となった。

ロンドン大会（イギリス）

第二次世界大戦が激しくなり、中止された。

ロンドン大会（イギリス）

戦争の傷あとが残る中、各国の協力で開かれ、「友情のオリンピック」とよばれた。

ヘルシンキ大会（フィンランド）

日本が16年ぶりに参加した。

関連キーワード｜幻の東京大会▶P38

1896年から始まった近代オリンピックは、4年ごとに開催されています。しかし戦争が原因で、これまで3回の大会が中止になっています。

 ボイコット  戦争で中止

 日本が招待されなかった大会

メルボルン大会（オーストラリア）ストックホルム大会（スウェーデン）馬術のみ

馬の検疫の問題で、馬術のみストックホルムで開催。

ローマ大会（イタリア）

「現代と古代の調和」がテーマとなった。

東京大会（日本）

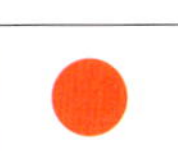

アジア初のオリンピック。大会のようすが人工衛星によるテレビ中継で、はじめて配信された。またコンピューターでの記録管理が進歩。ピクトグラムのデザインなども世界から評価され、戦争からの復興を印象づけた。

メキシコシティー大会（メキシコ）

海抜2,240mの高地で開催された。

ミュンヘン大会（西ドイツ／現在のドイツ）

はじめて女性が選手宣誓を行った。

モントリオール大会（カナダ）

石油危機で物価が高騰し、大幅な赤字となった。

モスクワ大会（ソビエト連邦／現在のロシア）

ソビエト連邦のアフガニスタン侵攻に抗議し、日本や多くの西側諸国がボイコットした。

ロサンゼルス大会（アメリカ）

モスクワ大会への報復として、ソビエト連邦や東側諸国がボイコットした。

ソウル大会（韓国）

アジアで2度目の大会。3大会ぶりに世界中から多くの国が参加。「平和の祭典」のお祝いムードがもどった。

バルセロナ大会（スペイン）

カラフルな装飾など、高い芸術性を見せた大会。

アトランタ大会（アメリカ）

近代オリンピック100周年の大会。

シドニー大会（オーストラリア）

44年ぶりに南半球で開催された大会。

アテネ大会（ギリシャ）

オリンピック発祥の地での108年ぶりの大会。メダルをもらう選手には、オリーブの冠もおくられた。競泳の北島康介選手の2つの金メダルなど「水泳ニッポン」が復活した。

北京大会（中国）

中国がはじめてオリンピック開催国となった。

ロンドン大会（イギリス）

3度目の開催はオリンピック史上はじめて。

リオデジャネイロ大会（ブラジル）

南アメリカ大陸初の開催。難民選手団がはじめて結成され、世界の内戦や難民問題に焦点が当てられた。ドーピング問題で、ロシア選手は一部しか出場できなかった。

第32回 2020年

東京大会（日本）

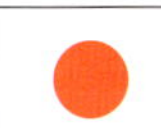

56年ぶり、2度目の開催となる東京大会。競技場をせまい範囲に集めたコンパクトな運営計画などが評価された。7月24日から8月9日に行われる。

関連キーワード｜ピクトグラム▶P19

冬季 雪と氷のスポーツが行われる オリンピック大会

開催地年表

シャモニー・モンブラン大会（フランス）

試験的に開催された冬季大会。実施されたのはスキー、スケート、アイスホッケー、ボブスレー。女子の選手の出場はフィギュアスケートのみだった。日本は前年の1923年に発生した関東大震災の影響で、参加を断念した。

サン・モリッツ大会（スイス）

はじめて正式なオリンピック大会として開催された冬季大会。参加国・地域は1回目の16から25に増えた。日本からは6人の選手が初参加。

レークプラシッド大会（アメリカ）

アメリカ初の冬季大会だったが、遠くて参加者が半減した。

ガルミッシュ・パルテンキルヘン大会（ドイツ）

ナチス・ドイツが国の強さを見せつけるために、多額の費用をかけて開いた。（→P47）しかし、国際オリンピック委員会（IOC）は反ユダヤ人主義のポスターをはらせないなど抗議の姿勢を貫いた。

サン・モリッツ大会（スイス）

日本が招待されず

1940年の札幌大会は日本が返上し、1944年のコルチナ・ダンペッツオ大会（イタリア）は第二次世界大戦で中止。12年ぶりの開催となったが、日本は戦争の影響により不参加。

オスロ大会（ノルウェー）

冬季大会としてはじめて聖火リレーが行われた。日本はこの大会でオリンピックに復帰した。

コルチナ・ダンペッツオ大会（イタリア）

ソビエト連邦が冬季大会に初参加。145人もの大選手団を派遣し、国別メダル総数で1位になった。日本選手もはじめてメダルを獲得した。

スコーバレー大会（アメリカ）

アメリカの大富豪、アレクサンドル・クッシングが、自分でお金を出し、施設をつくって開催した大会。開会式はウォルト・ディズニーが演出するなど、アメリカらしい大会だった。

インスブルック大会（オーストリア）

冬季大会ではじめて、参加選手が1,000人をこえた。前回大会では行われなかったボブスレーが復活して、種目が27から34に増えた。

グルノーブル大会（フランス）

開会式に3万本のバラが空から振りまかれるなど、派手な演出が観客を楽しませた。

札幌大会（日本）

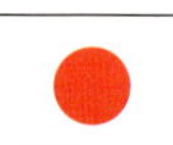

1940年の幻の札幌大会から32年後に開催。聖火はギリシャから飛行機で運ばれた。大会後、滑降コースなどの設備の撤去や、植林などによって、もとの自然にもどす取り組みが行われた。

Part 2

冬季オリンピックは1924年から4年ごとに開催。1994年の第17回大会からは、開催年が夏季オリンピックの中間の年に変更され、夏季・冬季で2年ごとに開催されるようになりました。戦争の影響によって1940年と1944年の2回の大会が中止となっていますが、夏季オリンピックとはちがい、中止となった大会は数えません。

インスブルック大会（オーストリア）

もともと開催地に決まっていたアメリカのデンバーが、大会を返上。急遽、開催地を変更して行われた。

レークプラシッド大会（アメリカ）

日本はジャンプ70m級で銀メダルをとるなど健闘した。

サラエボ大会（ユーゴスラビア／現在のボスニア・ヘルツェゴビナ）

当時ユーゴスラビアの首都だったサラエボで開催。フィギュアのアイスダンスで、イギリスのペアに史上初の、「9人の審判全員の芸術点満点」が出た。

カルガリー大会（カナダ）

冬季大会期間が4日増えて16日間になり、種目も46種目に増えた。開会式では、オリンピックではじめて小学生が最終点火者となった。

アルベールビル大会（フランス）

スピードスケートを屋外リンクで行った最後の大会。開会式を夜に開いた最初の大会でもある。

リレハンメル大会（ノルウェー）

史上最北の地で行われた。この大会から、冬季大会と夏季大会は交互に2年ごとに開かれるようになった。

長野大会（日本）

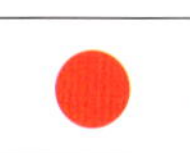

26年ぶりの日本での冬季大会。「美しく豊かな自然との共存」をかかげ、競技場設備はもちろん、食器などの材質まで環境に配慮した。

ソルトレークシティ大会（アメリカ）

冬季の大会史上もっとも高い、標高1,300mという高地での大会。「アメリカ同時多発テロ事件」後だったため、厳しい警備の中で開かれた。

トリノ大会（イタリア）

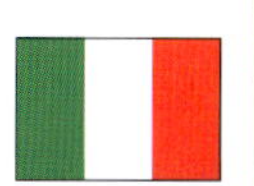

史上最多となる80の国・地域、2,508人の選手を集めて開催された。ドイツ選手の活躍が目立ち、金メダル11を含む29のメダルを獲得。日本は多くの選手が4位だった中、荒川静香がフィギュアスケートで金メダルをとった。

バンクーバー大会（カナダ）

開催国のカナダが、金メダル14をふくむ26のメダルを獲得。

ソチ大会（ロシア）

ロシア初の冬季大会。プーチン大統領の「同性愛者排除」の方針を批判して、アメリカ、イギリス、フランスの大統領は開会式を欠席した。日本は冬季大会歴代2位となる8個のメダルを獲得した。

平昌大会（韓国）

新種目としてアルペンスキー混合団体、スノーボードビッグエア、スピードスケートのマススタート、カーリングの混合ダブルスなどが行われた。

北京大会（中国）予定

戦車・かみつき・芸術？

今はないオリンピックの競技

古代オリンピックにも近代オリンピックにも、風変わりな競技がたくさんありました。スポーツの種類も少なく、ルールも決まっていない中で、昔の人たちが工夫していたことがわかります。

今はなくなった 古代オリンピックの競技

古代オリンピックの競技には、今では考えられないような過酷なレースや戦いがありました。

戦車競走

戦車競走は、紀元前680年から始まったとされます。

4頭の馬が引く戦車で、競馬場を12周する「四頭立て戦車競走」、競馬場を8周する「二頭立て戦車競走」、ラバに戦車を引かせる「ラバ戦車競走」、少年による「子馬競走」などがありました。

四頭立て戦車競走を記録した絵

パンクラチオン

紀元前648年ごろから始まったのが、パンクラチオンという総合格闘技です。パンチやキックが基本ですが、目つぶしと、かみつき以外なら何をしてもよく、相手が「まいった」の合図として人差し指を立てるか、気を失うかすると決着です。武器は使わず素手で戦います。

古代オリンピックは、「美しい体に美しい精神が宿る」と考えられていたので、はだかで行われていました。

関連キーワード｜古代オリンピック▶P22～23

素手で戦ったパンクラチオン

武装競走

かぶと、丸盾、すねあてを装備して、2スタディオン（1スタディオンは192.27m）を走る競技。当時のかぶとは1.5kg、丸盾は8kg、すねあてはひと組で1.2kgともいわれ、重たい防具を身につけた過酷なレースだったと考えられています。

今はなくなった近代オリンピックの競技

長い歴史の中には、どうしてこれが競技になったの？　どうやって勝ち負けを決めたんだろう？　と首をかしげたくなる競技もありました。やってみたけれど、世間から批判されたり、順位がつけにくいといわれたりして、すぐに消えたものもあります。その積み重ねの中で、スポーツが発展してきました。

つな引き・つな登り

つな引きは歴史あるスポーツで、オリンピックでは1900年の第2回パリ大会（フランス）から、1920年の第7回アントワープ大会（ベルギー）まで行われました。オリンピックの種目ではなくなりましたが、今も世界選手権が続いています。

つな登りは、1896年から1932年まで、体操の1種目でした。ポールを立て、つなを垂直に登る競技で、登る速さ、登り方が採点されました。

1900年に開催された第2回パリ大会でのつな引きの様子

非公式競技（たこあげ／魚釣りなど）

オリンピックの競技は、オリンピック憲章で条件が定められていますが、それにそぐわない競技でも行われることがありました。1900年の第2回フランス大会（パリ）は万国博覧会の付属イベントでもあったため、おかしな競技が続出。たこあげや、2日間で何匹釣ったかを競う魚釣りなどがありました。

コラム　芸術は「競技」から「文化プログラム」へ

1912年の第5回ストックホルム大会（スウェーデン）から、芸術が競技に加わりました。建築、彫刻、絵画、文学、音楽の5つの部門で、スポーツに関係した作品が募集され、順位がつけられました。しかし、芸術に順位はつけにくいという意見から、1948年の第14回ロンドン大会（イギリス）を最後に競技からは消え、芸術作品の展示に変更されました。

1992年の第25回バルセロナ大会（スペイン）からは、芸術に限らず、開催国の文化の紹介をふくめた「文化プログラム」が実施されるようになりました。最近ではオリンピック開催の4年前から行われる、長期の文化プログラム「文化オリンピアード」が実施されています。

1936年の第11回ベルリン大会（ドイツ）絵画部門で銅メダルを獲得した画家・藤田隆治の作品「アイス・ホッケー」

関連キーワード｜近代オリンピック▶P24～25

道具・ユニフォーム……

オリンピックの今と昔

4年に1度の開催、平和の祭典であることなど、オリンピックの根本的な考え方は、昔も今も大きな変化はありません。しかし、古代と近代、そして近代の中でくらべても、変化し、日々進化しているものがあります。

陸上競技の今昔

昔 はだかとはだしで競技した古代オリンピック

古代オリンピックの選手は、はだかとはだしで競技を行いました。きっかけは陸上競技で、オルシッポスという選手が走っているときに、腰に巻いた布が落ち、そのまま走って優勝したため、という説などがあります。はだかで競技をするときは、オリーブ油をぬっていました。これは体の美しさを守るためだったといわれています。

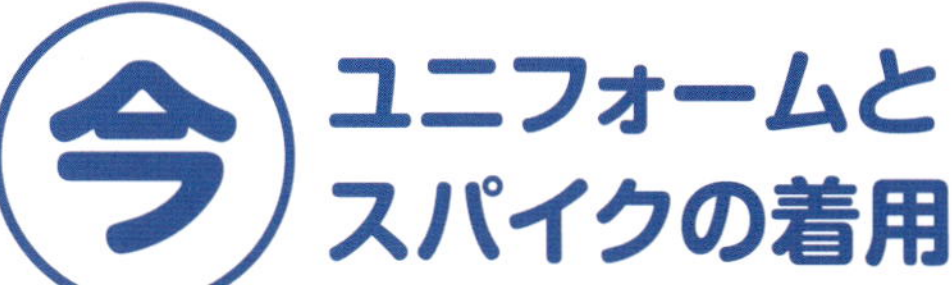

今 ユニフォームとスパイクの着用

現代のオリンピックでは、選手はシャツやショートパンツなどのユニフォームを身につけています。陸上選手にとって、いちばん記録に関わるのがシューズです。陸上用のシューズは、短距離用は軽くて足にぴったりフィットし、底にはスパイクのピンがついています。長距離用は通気性がよく、底はクッションがきいていて、走り続けてもつかれにくいようにつくられています。

男子競泳用水着

1932年ごろは合成繊維がなかったため、水着も絹製でした。その後、水の抵抗が少ない布地が開発されていき、2008年にはうすく、軽く、水をはじく水着「レーザーレーサー」が開発され、着用した選手がオリンピック大会で次々と新記録を出しました。

現在では、スパッツタイプが主流です。

1932年ごろのワンピース型の水着

1996年アトランタ大会。ブリーフ型の水着を着用していた

現在主流となっているスパッツタイプ

テニス女子のユニフォーム

1900年に女性がはじめてオリンピックに出場したときのテニスのユニフォームは、当時の女性のマナーを反映したもの。長袖のブラウスを着て、ロングスカートをはき、つばのある帽子をかぶっていました。現在のノースリーブ、ショートスカートとは、かけはなれたユニフォームです。

女性がはじめてオリンピックに出場したときのテニスのユニフォーム

現在のテニスのユニフォーム

スキー板

スキーの板は種目によってちがいます。それぞれに、昔の道具から改良を重ね、現在の道具に変わってきました。回転しながら、斜面を滑り降りるアルペンスキーでは、昔は木の板に皮のベルトでスキー靴を固定したものが使われていました。その後、板はグラスファイバーなど軽くて熱にも低温にも強い素材が使われるようになり、留め具は選手が転んだときに、すぐ外れるものになりました。けがを防ぐためです。現在の板は、先端と後ろが太くなっています。これによりターンしやすくなり、スピードが出るようになりました。

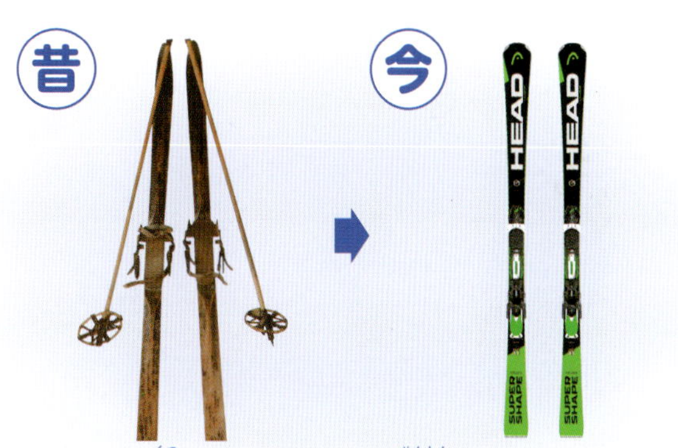

皮ベルトで靴をスキー板に固定していた

先端と後ろが太くなったカービングスキー板

スケート靴

スケート靴の始まりは、ヨーロッパでは木靴の底に鉄の歯をつけたもの、日本では下駄に歯がついた下駄スケートだといわれています。今のスケート靴、とくにフィギュアスケート用のものは、回転やジャンプなどがあるため、軽くて丈夫でなければなりません。昔は一枚皮でしたが、今はカーボンファイバーやプラスチックを組み合わせてつくっています。

1900年のはじめ、スピード競技が行われた当初の下駄式スピードスケート靴

現在のフィギュアスケート靴

入場行進からドーピング検査まで

オリンピックなんでもはじめて

オリンピックで起こったはじめての出来事を、いろいろ集めてみました。すると意外な事実もたくさん見つかりました。

初の女性参加

現在は全出場者のうち、約半数を占める女性選手。しかし、約1200年にわたって開かれていた古代オリンピックに、女性の選手はいませんでした。これは当時、女性の社会での地位が低く、勉強や体育などの教育を受ける機会がなかったからだといわれています。

近代オリンピックでも、第1回アテネ大会（ギリシャ）に女性は参加していません。はじめて女性がオリンピックに出場したのは、1900年第2回パリ大会（フランス）。ゴルフとテニス、ゲートボールの原型でもあるクロッケーに参加しました。しかしその数はわずか22名で、全体（997名）の2%ほどの割合でしかありませんでした。また、ユニフォームは当時の女性のマナーを反映したものでした。

はじめての女性参加となったテニス選手

1920年アントワープ大会で、初の選手宣誓が行われた

初の選手宣誓

選手宣誓は、開催国の代表選手などが行うものです。ルールを守り、スポーツマンシップにのっとって競技に参加することを誓います。選手宣誓がはじめて行われたのは、第一次世界大戦が終わった直後に開かれた、第7回アントワープ大会（ベルギー）です。

また、はじめて女性が選手宣誓をしたのは、1972年の第20回ミュンヘン大会（ドイツ）です。

初の国別・アルファベット順の入場行進

現在のように、国と地域ごとにオリンピックに参加し、国名のアルファベット順に入場するスタイルになったのは、1908年の第４回ロンドン大会（イギリス）からです。このときはじめて、開会式で国名を書いた札と国旗を先頭に行進を行いました。行進の順番は先頭がギリシャ、最後尾が開催国というのが慣例となっています。

1908年ロンドン大会の入場行進のようす

初のエンブレム

オリンピック・エンブレムは、その大会のシンボルとなるマークで、ポスターなどに用います。

エンブレムがはじめて使われたのは、1932年の第３回レークプラシッド冬季大会（アメリカ）といわれています。それまでのオリンピックでも、統一したデザインのポスターがつくられていましたが、オリンピックマークと組み合わせて使われるようになったのは、この大会からです。

初のドーピング検査

ドーピングは、禁止されている薬物などによって競技能力を高め、優位に立とうとすることで、フェアではありませんし、健康を害することもあります。このため大会期間はもちろん、開催前にもドーピング検査を行っています。

オリンピックではじめてドーピング検査が行われたのは、1968年に開催された第19回メキシコシティー大会（メキシコ）と、グルノーブル冬季大会（フランス）です。

コラム

日本にはじめて聖火がきたのはいつ？

❖初の聖火リレーは？

1964年の第18回東京大会で、日本にはじめて聖火がやってきました。聖火は8月21日にギリシャで採火され、アジア諸国をまわった後、9月7日に沖縄に到着。1か月の国内リレーを経て、坂井義則さんにより、国立競技場の聖火台に点火されました。坂井さんは1945年8月6日、広島に原爆が投下された午前9時半に広島で生まれました。陸上の選手としてはオリンピックに出場できませんでしたが、聖火ランナーとして大役を果たしました。

約2か月間をかけて、ギリシャから運ばれてきた聖火を持って走る坂井さん

関連キーワード｜エンブレム▶P19｜聖火リレー▶P19｜ドーピング▶P46

社会とともに歩んできた
日本のオリンピックの歴史

日本が初出場したのは、1912年のストックホルム大会（スウェーデン）。出場する前と、その後、どんな人が、どんなふうに、日本のオリンピックの歴史と関わってきたのでしょうか。

日本オリンピックの父・嘉納治五郎

「日本のオリンピックの父」とよばれている嘉納治五郎は、今日の柔道の創始者で、東京高等師範学校（今の筑波大学）の校長でもありました。スポーツの目的は人間としての成長と、社会の進歩への貢献にあると説きました。この考え方が、オリンピックの父、クーベルタンの考えと共通していたこともあり、日本のオリンピック初参加につながりました。

日本人初の国際オリンピック委員会（IOC）委員

幻の東京大会と札幌大会

1936年のIOC総会で、1940年の第12回夏季オリンピック大会を東京で開催することが決まりました。そのころは、同じ国で冬季オリンピックを開くことが恒例になっていたため、次の年の総会では、1940年に第5回冬季オリンピック大会を札幌で開くことも決まりました。しかし、1937年に日中戦争が始まると、世界諸国から日本への批判が高まった上に、戦争にお金がかかりオリンピックの準備ができなくなったため、日本は2つのオリンピックを返上しました。

はじめての参加

アジア初の国際オリンピック委員会（IOC）委員になった嘉納治五郎は、1912年の第5回ストックホルム大会（スウェーデン）に、日本選手を参加させる準備を始めました。国内オリンピック委員会（NOC）の役割をになう大日本体育協会（現在の日本オリンピック委員会）をつくり、選手の予選会を行いました。そして、短距離走の三島弥彦とマラソンの金栗四三が、日本人選手としてはじめて、オリンピック大会への出場を果たしたのです。

ストックホルム大会の開会式で入場行進をする日本選手団

不参加

1948年の第14回ロンドン大会（イギリス）は、第二次世界大戦後、はじめて行われたオリンピックでした。しかし日本とドイツは戦争の影響により、この大会への参加が認められませんでした。

ボイコット

1980年の第22回モスクワ大会（ソビエト連邦）は、初の社会主義国での大会でしたが、その前年に、ソ連軍がアフガニスタンに攻め入ったことに抗議し、日本は参加をボイコットしました。アメリカのよびかけにこたえたものです。

1964年の東京大会

1964年の東京大会は、アジアではじめてのオリンピックであり、日本にとっては、「幻の東京大会」から24年後に開かれた記念すべきものでした。国立競技場での開会式に、赤いブレザーの日本選手団が入場すると、感激と喜びでみな立ち上がり、拍手が鳴りやみませんでした。昭和天皇の開会宣言があり、上空では自衛隊機が空にオリンピックマークの5つの輪を描きました。

1964年の東京大会で入場する日本選手団

札幌・長野冬季大会

1972年、札幌でアジア初の冬季オリンピックが開催されました。1998年には、長野大会も開催。両大会とも「自然環境との共存」を基本理念としていました。札幌大会では、大会後、滑降コースなどを撤去し、植林などでもとの自然にもどす取り組みを実施。長野大会では、開会式で飛ばす風船から食器などの備品まで、環境に配慮した素材が使われました。

1972年の札幌大会の開会式

東京オリンピック後の日本の発展

1964年の東京大会の後、日本のスポーツ界は大きく発展しました。まず、オリンピック選手やコーチによって、スポーツクラブ（教室）が全国に開設。地域の子どもたちで結成される「スポーツ少年団」から、おもに既婚の女性たちが楽しむ「ママさんバレー」まで、幅広い世代の人たちがスポーツを楽しめる環境が整っていきました。また、オリンピックに合わせて東海道新幹線や、首都高速道路、モノレールなどがつくられ、現在の私たちの交通基盤が整いました。それらをつくった建設業界はもちろん、人や物流も活性化され、観光、宿泊などのサービス業も発展しました。

1964年に開業した東海道新幹線

コラム

日本人選手の活躍

オリンピック大会での日本人選手の活躍には、めざましいものがあります。日本人選手がはじめてメダルを獲得したのは、1920年のアントワープ大会（ベルギー）。テニス・シングルスで熊谷一弥が銀メダル、ダブルスで熊谷一弥・柏尾誠一郎のペアが銀メダルを獲得しました。それから96年後。2016年リオデジャネイロ大会（ブラジル）では、金メダル12個、銀メダル8個、銅メダル21個と史上最多となる合計41個のメダルを獲得しました。2020年の東京大会に向けて、さらなる活躍が期待されています。

リオデジャネイロ大会で日本は史上最多となるメダルを獲得

関連キーワード｜札幌大会▶P55

Part 3

発展するオリンピック

選手のパフォーマンスにも影響!?

進化する科学技術・設備・道具

オリンピックのモットーは、「より速く、より高く、より強く」です。そのために、選手だけでなく、道具や記録用の機械をつくる人たちも、いろいろな工夫や努力を積み重ねています。

記録更新の背景

1896年の第1回アテネ大会（ギリシャ）では、陸上100mは12秒、400mは54秒2という記録で、アメリカのトーマス・バーク選手が2冠に輝きました。その後、記録はぬりかえられ続け、2012年の第30回ロンドン大会（イギリス）で、ジャマイカのウサイン・ボルト選手が、100mを9秒63で走りました。400mでは、南アフリカのウェイド・バン・ニーキルク選手が、2016年のリオデジャネイロ大会で43秒03の記録を出しています。選手個人の努力に加え、筋肉のつけ方や使い方を科学的に研究する「スポーツ科学」の発展や、スポーツ施設に用いられる新しい技術の進歩、グラウンドや計測に新技術を使うことなど、いろいろな面から新記録がもたらされています。

記録の更新がめざましい陸上競技。写真は2016年リオデジャネイロ大会の男子100m決勝

科学技術

科学技術の発展は、測定した記録で競い合うスポーツに大きな影響を与えています。そして多数の世界記録を生み出すことにも貢献しています。

電気時計

陸上競技や競泳などのタイムの測定に使用されているのが、100分の1秒まで計れる電気時計。記録は0秒01単位で更新されるようになりました。競泳では、選手が指先でプールの壁にふれると時計が止まるしくみです。

全天候型トラック

合成ゴムやポリウレタン樹脂などでつくられた陸上のオールウェザートラック。雨が降ってもすぐに水を吸収するので、競技のスムーズな進行に役立っています。

スリットカメラ

陸上競技などのタイム測定で、写真判定をするためのカメラを「スリットカメラ」といいます。このカメラでは、ゴールを通過する選手を、1秒間に2,000枚、連続して写真撮影ができるため、順位がはっきりわかります。

設備

第1回アテネ大会が開かれた1896年、ギリシャの経済状態が悪く、競技場はギリシャ人の富豪アベロフの寄付金などで改装されました。その競技場は大理石づくりで、5万人が入れるという豪華なものでした。

大阪府にある全天候型のヤンマースタジアム長居

全天候型競技場

屋根や照明があり、天候や昼夜を問わずに使用できるのが、全天候型競技場です。今ではめずらしくなくなった全天候型のスタジアムがオリンピック大会ではじめて登場したのは、1968年の第19回メキシコシティー大会（メキシコ）です。しかし建設費用がかかりすぎることから、1976年の第21回モントリオール大会（カナダ）の競技場など、開閉式の屋根をつける計画を断念した例もあります。

道具の進化

選手の競技力の向上や、記録を測定する競技に欠かせないのが、道具や用具の進化です。記録の更新をめざし、空気抵抗を減らしたり、軽量化したりして進化しています。

レーシングゴーグル

競泳用のレーシングゴーグルは、「水の抵抗を減らしてほしい」など、選手の要望に応えてつくられています。レンズの下側は、水の流れをスムーズにする形状になっています。また飛びこんでもずれないような工夫もされていて、100分の1秒を争うトップスイマーに支持されています。

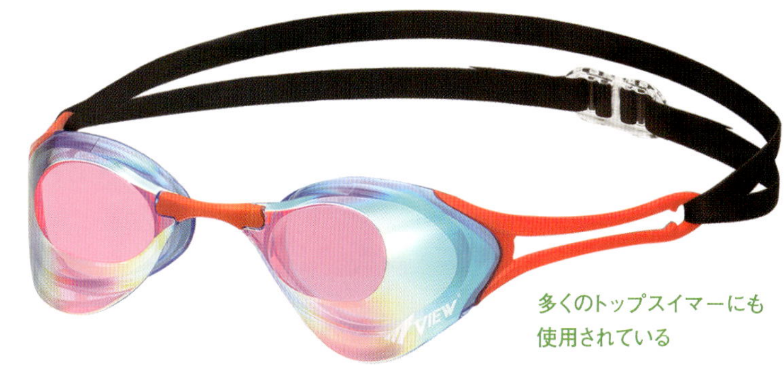

多くのトップスイマーにも使用されている

自転車競技用具

非常に速いスピードで競う、スプリントやケイリンなどの自転車競技。そのトラック用の自転車は、炭素繊維を使ってつくられていて、大人なら片手で持ちあげられる約7kgという軽さです。車体やタイヤには、世界トップレベルの自動車レースであるF1の車両と同じ技術が活かされているものもあります。

よりよい記録を求めて進化する

選手の技術とトレーニング

オリンピックのモットーである「より速く、より高く、より強く」を実現するために、選手たちの技術やトレーニング方法も、試行錯誤を繰り返して進化を遂げてきました。

技術の進化

よい記録を出した選手の技術を、ほかの選手たちが取り入れることで、競技全体がレベルアップします。

クラウチングスタート

第1回アテネ大会（ギリシャ）のころの陸上競技では、両手をグラウンドにつける姿勢でスタートするクラウチングスタートと、立った状態でスタートするスタンディングスタートが用いられました。研究もまだ進んでおらず、各選手が好きなようにしていたのです。

その後、クラウチングスタートは、低い姿勢から一気にスピードが上げられることがわかってきました。現在では400mまではクラウチングスタートが義務づけられています。一方、800m以上のレースでは、スタンディングスタートがとられています。

1896年アテネ大会100メートル走のスタート。スタートの姿勢はさまざま。コースロープもはってあった

クラウチングスタートのようす。高いレベルの大会では、フライングが検知できるスターティングブロックが使われている

背面とび（走り高とび）

第1回アテネ大会の走り高とびでは、足でバーをまたぐようにとぶ「はさみとび」で飛んだ選手が優勝しました。その後、「ウエスタンロール」という横とびの姿勢で、2mという記録が出ます。さらに、1963年にソビエト連邦の選手が、下向きでとぶ「ベリーロール」で2m28cmを記録。1968年のメキシコ大会では「背面とび」（写真）をしたアメリカ人選手が2m24cmで優勝しました。その後は、みんなが背面とびをするようになり、現在、その記録は2m40cm以上になっています。

現在は主流となった背面とび

V字飛行・飛行スタイル

スキージャンプで遠くまで飛ぶためには、空気抵抗を大きくする姿勢がよいといわれます。冬季大会が始まったころは、直立してスキー板をそろえ、両手を後ろにクルクルまわして飛行するのがふつうでした。その後、体がスキーと平行になるように前かがみになるスタイルとなり、両手を前に出したり、高くあげたりするなど、いろいろな姿勢がとられました。1990年ごろから、スウェーデンのヤン・ボークレブ選手がV字飛行（写真）を始めました。滞空時間が長くなることから、現在の飛行スタイルの主流になっています。

スキー板の先端をV字に開く

トレーニングの進化

選手のパフォーマンスを向上させるため、そして競技や練習でけがをしないようにするために、体力とメンタル（心理）に関する新しいトレーニング方法が開発されています。

メンタルトレーニング

心理学の先生などに指導を受け、「自分のこころを調整する方法」を身につけることを、メンタルトレーニングといいます。オリンピックという大舞台に立ったとき、平常心で、持っている力をすべて出しきれるようにと、取り入れる選手が増えています。また、本番前に意識を集中して、競技中の体の動かし方をイメージし、成功するようすを想像するのも、メンタルトレーニングのひとつです。

アメリカ・デンバーなどで高地トレーニングを行う選手

高地トレーニング

空気中の酸素が少ない高地でトレーニングをすると、心臓や肺の能力がきたえられ、酸素をうまくエネルギーに変えられるようになります。今では、平地で行う筋力などのトレーニングに加えて、マラソンや水泳など多くの競技で、高地トレーニングが取り入れられています。日本の「国立スポーツ科学センター」には、オリンピック強化選手用の「低酸素トレーニング室」があり、そこでも高地トレーニングができるようになっています。

コラム

高地トレーニング導入のきっかけになったアベベ選手

高地トレーニングが注目されたきっかけは、1960年のローマ大会（イタリア）で、エチオピアのアベベ・ビキラ選手がマラソンでおどろくほど速い走りを見せたことです。アベベ選手は、はだしで走ったにも関わらず、2時間15分16秒2という、当時の世界最高記録を出しました。エチオピアの国土が空気のうすい標高2,000m前後の高地にあり、そこでトレーニングをつんだことで、心肺機能が高められたのではないかといわれ、その後、陸上競技に高地トレーニングが導入されることになりました。

トレーニングに励むアベベ選手

オリンピックと一緒に発展

メディアとの関わり

新聞からラジオ、テレビ、そしてSNS（ソーシャル・ネットワーク・サービス）へ。オリンピックはメディアとともに、発展してきました。それによって競技のルールを変更するなどの影響もみられます。

マスメディアの歴史と変化

1896年第1回アテネ大会（ギリシャ）のようすは、11人の記者によって新聞や雑誌記事で世界に報じられました。ラジオ放送は1924年の第8回パリ大会（フランス）から、テレビ放送は1936年の第11回ベルリン大会（ドイツ）から始まりました。

そして1964年の第18回東京大会で、オリンピック放送は大きく変化します。このときはじめて、通信衛星を使って、開会式が世界で同時中継されたのです。カラー放送やマラソンの全レース放送もあり、日本の技術力の高さが世界におどろきを与えました。1996年の第26回アトランタ大会（アメリカ）では公式ウェブサイトが登場。2000年の第27回シドニー大会（オーストラリア）からインターネットが普及し、2012年の第30回ロンドン大会（イギリス）からSNSが導入されました。

コラム 日本のメディアの歴史

日本ではじめて近代オリンピックが報道されたのは、1896年に発行された雑誌『文武叢誌』と『少年世界』でした。その後1928年の第9回アムステルダム大会（オランダ）で、織田幹雄が金メダルを獲ったことによって、オリンピック関連の新聞報道が本格的に始まりました。ラジオ放送は、1936年の第11回ベルリン大会（ドイツ）で実況中継が行われました。テレビ放送は、1964年の東京大会のときに本格化しました。

現在のメディア報道

オリンピックのテレビ放送は多くの人が見るため、各テレビ局は大会を自局で放送したいと考えます。そのため、国際オリンピック委員会（IOC）は放送する権利をテレビ局に売り、その利益をオリンピック・ムーブメントにかかる費用に使っています。ただ年々、放送権料が高くなりすぎて、大きなテレビ局しか権利が買えないという問題も出てきました。テレビ局側も、支払った金額よりも高い利益を得ないと赤字になってしまうこともあって、テレビで放送しやすい時間帯に競技が行われたり、オリンピックの開催時期にもテレビ局の意見が尊重されたりするようになりました。

一方で、インターネット動画やSNSで、だれもがオリンピックのようすを発信できる時代になり、これからの報道には、いろいろな可能性が秘められているといえます。

レールカメラ

報道のカメラは変化しています。陸上競技や競泳などを選手の動きに合わせて撮影できるレールカメラは、長いレールの上をカメラが移動するようになっています。また以前は人間が潜水して映していたシンクロナイズドスイミングなど、水中の動きを映すときには、ロボットカメラが使われています。

ジャパン・コンソーシアム（JC）

オリンピック大会などの世界的なスポーツイベントで、NHK（日本放送協会）と、民放（民間放送）各社が番組を共同制作する放送機構のことを、ジャパン・コンソーシアムといいます。

2020年の東京大会は、このジャパン・コンソーシアムがIOCから放送権を買うことになります。また、この放送権には、テレビ・ラジオ放送のほか、インターネットやモバイル端末（携帯電話）などの権利もふくまれています。

コラム　ルール変更

テレビで見たとき選手を見分けやすいように、また審判が判定しやすいようにと、ユニフォームの色が変えられた例があります。日本では白と決まっていた柔道着について、国際柔道連盟は1997年に柔道着のルールを変更しています。オリンピックでは、2000年の第27回シドニー大会（オストラリア）から、カラーの柔道着が着用されています。

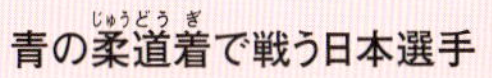
青の柔道着で戦う日本選手

テロ・ドーピング・増大する費用……
オリンピックが抱える課題

オリンピックの規模が大きくなり、たくさんの国と地域の人々が関わるようになったことで、いいことだけでなく悪いことも起こっています。今のオリンピックはどのような課題をかかえているのでしょうか。

テロ事件

政権を変えるなどの目的を達成するために、暗殺や暴力などを用いることをテロリズム(テロ)といいます。そのテロリズムによる事件がテロ事件です。かつて「平和の祭典」であるはずのオリンピックの場が、政治や紛争の場としてテロ組織に利用されたことがありました。1996年のアトランタ大会(アメリカ)では、大会期間中にオリンピック公園で爆破事件が起こって2人が亡くなり、100人以上のけが人が出ました。こうした事件の教訓から、会場入り口での服装や、持ち物の検査が厳しくなっています。

兵士が会場を警備することも

さまざまな大会で、アンチドーピングキャンペーンを行う、世界アンチ・ドーピング機構(WADA)

ドーピング

「ドーピング」とは、競技力を高めるために薬物などを不正に使うことです。1988年の第24回ソウル大会(韓国)で、陸上100mで9秒79のタイムを出して優勝したカナダのベン・ジョンソン選手は、禁止されている筋肉増強剤を使っていたことがわかって失格となり、金メダルがはく奪され、記録も消されました。

その後も、ドーピング事件が後を絶たず、大会中に、尿検査と血液検査が行われているほか、トレーニング期間中にも抜き打ち検査をしています。

コラム ロシアのリオデジャネイロ大会出場禁止

2016年の第31回リオデジャネイロ大会(ブラジル)を前にして、アンチ・ドーピングを世界的に進める「世界アンチ・ドーピング機構」は、ロシアが国ぐるみでドーピングを行っているという報告書を発表しました。その結果、出場予定だったロシア選手389人のうち、118人がオリンピック大会に出場できませんでした。メダル獲得数も前回に比べると大幅に減りました。

関連キーワード | 世界アンチ・ドーピング機構▶P17 | テロ事件(ミュンヘン事件)▶P25

増大する費用とスポンサー

オリンピック大会の開催にかかる費用は年々増え、2014年の第22回ソチ冬季大会（ロシア）では5兆円かかったといわれています。最近では、巨額な費用は負担できないと、開催地への立候補を断念する都市が増えてきました。このままでは、お金持ちの国しかオリンピック大会を開けなくなると心配した国際オリンピック委員会（IOC）は、既存の会場を使うなど、大会の開催費用を下げる工夫をするよう提案しています。また、IOCは大きな企業に公式スポンサーになってもらい、オリンピックの開催や運営にかかる費用の一部を負担してもらっています。スポンサーとなった企業は、契約すると資金を出す代わりに、コマーシャルやポスターにオリンピックのマークを使うことができます。

増える競技と選手

オリンピックの競技種目が増えると、出場選手が増え、それが開催費用の増加につながります。1896年の第1回アテネ大会（ギリシャ）で行われたのは9競技43種目でしたが、2016年の第31回リオデジャネイロ大会（ブラジル）では28競技306種目にまで増えています。それにともない、選手や役員、必要なスタッフの数が増え、選手村の宿泊施設などもたくさん必要になってきています。

アマチュア規定廃止

競技をして賞金をもらうのがプロフェッショナル、そうでない人をアマチュアといいます。かつてオリンピックの参加規定に、選手はアマチュアに限るという決まり（アマチュア規定）がありました。ひとつの事件が起こります。アメリカのジム・ソープ選手は1912年の第5回ストックホルム大会（スウェーデン）で陸上五種競技、十種競技に優勝して金メダルを獲得しましたが、所属していた野球チームでお金をもらっていたことから、メダルをはく奪されたのです。その後、難問が次々に出てきて、プロとアマの境界線は簡単に引けなくなりました。

そして、1974年、IOCはアマチュア規定を廃止。日本も1986年にアマチュア規定を廃止しています。

スポーツと政治

古代オリンピックでは、休戦してでもオリンピックを開いていましたが、近代オリンピックでは戦争で大会が中止されたり、政治的理由で大会に参加しないなどの抗議行動が行われたりしてきました。たとえば、1936年の第11回ベルリン大会（ドイツ）では、ナチ党の最高指導者アドルフ・ヒトラーが、国の力を大きく見せるのに、オリンピックを利用した歴史があります。

スポーツから政治の問題を切り離すのは難しいことです。だからこそ、スポーツさえできればいい、スポーツさえ見られればいいという態度ではなく、オリンピックを通じて、相手の国の考え方や政治のことを知り、友好と親善を深めていこうとすることが大切です。

2020年

東京大会に向けて

56年ぶりの開催！

平和の祭典が東京に

「第32回オリンピック競技大会」が、2020年に東京で開かれます。開催期間は同年7月24日～8月9日。競技数は33競技です。1964年の第18回大会についで2度目の東京オリンピックに、期待が集まります。

オリンピックとパラリンピックが東京へ

2020年のオリンピック競技大会、パラリンピック競技大会が、東京で開催されることになりました。オリンピックの開催都市は、開催の7年前に決定されることになっています。競技場などの整備が進むことで経済が活性化し、また世界中から集まるたくさんの人に都市の魅力をアピールできるので、毎回いくつもの都市が立候補します。その中から、国際オリンピック委員会(IOC)の厳しい審査や投票などを経て、開催都市が選ばれるのです。1964年に第18回東京大会を開催したあと、日本からは、1988年大会に名古屋が、2008年大会に大阪が、2016年大会に東京が立候補していました。しかし、結果は落選。2020年大会は、日本が4度目の挑戦でかなえた、久しぶりの夏季オリンピック開催なのです。

2013年9月、東京に招致が決まって「THANK YOU（ありがとう）」の人文字などをつくる人たち

コラム

すでに始まっている文化プログラム

オリンピックは、単なるスポーツの世界大会ではなく、スポーツと文化の融合をめざす祭典。そのために行われるのが「文化プログラム」です。開催都市とその国では、音楽や絵画、演劇、参加型アートなど、さまざまな文化を世界に発信していきます。大会が開催されるのは約2週間ですが、文化プログラムは前の大会が終わるころから数年かけて行われます。2020年の東京大会に向けて、日本でも文化プログラムが始まっています。2016年10月には、東京・日本橋で「幕開き 日本橋 ～東京2020文化オリンピアードキックオフ～」が開催されました。これは、文化オリンピアードのキックオフを宣言し、日本各地の人々が、文化を通じてオリンピックに参加する取り組みです。

＊紹介している情報は、2017年1月現在のものです。

五輪招致合戦

「東京に2020年のオリンピックを招こう」と東京都が決めたのは2011年です。2013年9月7日、アルゼンチンの首都、ブエノスアイレスで行われた第125次国際オリンピック委員会（IOC）総会。開催地を選ぶ投票で、トルコのイスタンブール、スペインのマドリードをおさえて、東京が選ばれました。治安のよさや、資金面での強みもありましたが、いちばんの勝因はIOC総会でのプレゼンテーションだといわれています。パラリンピックの選手となった佐藤真海さんが、津波の被害から立ち直ろうとする被災地の人々の思いを届けたこと、滝川クリステルさんが「おもてなし精神」をわかりやすく伝えたことなどが、IOC委員の心に「東京」を印象づけました。

東京が選ばれた瞬間のパブリックビューイングの会場

大会ビジョン

2020年の東京大会のビジョン（めざすもの）は、「史上最もイノベーティブ（革新的）で、世界にポジティブ（前向き）な改革をもたらす大会」です。「スポーツには世界と未来を変える力がある」という言葉をモットーに、スポーツをはじめ、文化・教育、復興、街づくり、経済といった各分野で、オリンピックをきっかけに新たな取り組みを重ねていきます。東京だけでなく日本に、そして世界に、明るい未来をもたらすことが目標です。

基本コンセプト

この大会ビジョンを実現するために、3つのコンセプト（基本的な考え方）があります。ひとつめは、「すべての人が自己ベストを目指す」。選手たちが勝利や記録更新をめざしたり、日本にくらすわたしたちが最高のおもてなしで世界中の人々を歓迎したりするという意味です。ふたつめは「一人ひとりが互いを認め合う」。人種や性別、宗教などのちがいをこえて、全員が尊重し合います。3つめは「そして、未来につなげよう」。オリンピックの力で世界をよりよくし、それを次の世代にも受けついでいきます。

コラム　オリンピックの公式ポスター

オリンピックでは、大会ごとに公式ポスターがつくられています。1964年の東京大会では、はじめてポスターに写真が使われました。カメラの性能や印刷技術が上がり、カラー写真を大きく印刷できるようになったのです。また、この大会からポスターが何種類もつくられるようになりました。東京大会でつくられたポスターは4種類。とくに、日の丸と五輪を大胆に配置したものは、シンプルで力強いデザインが評判になり、大会エンブレムとしても親しまれました。これ以降のポスターは、単なる開催告知ではなく、よりいっそう芸術性やメッセージ性を重視したデザインでつくられるようになりました。

1964年東京大会でつくられたポスター。大会エンブレムとしても親しまれた

施設、バリアフリー、暑さ対策……

東京大会をむかえるために

2020年の東京大会に向けて、さまざまな準備が必要です。競技施設を新しくつくるか、今あるものを活用するのか、だれが責任をもつのかなど……。高い費用がかかるだけに、慎重な取り組みが進んでいます。

スポーツ庁長官の鈴木大地さん

スポーツ庁新設

かつて、オリンピックに関係する政策は文部科学省が、パラリンピックに関係する政策は厚生労働省がそれぞれ担当していました。健常者スポーツはスポーツ振興の一環、障害者スポーツは福祉の一環と考えられていたからです。しかし近年、障害者スポーツが競技として大きく進歩したため、健常者スポーツと区別せずに振興していくべきだという声があがっていました。

そこで、オリンピックとパラリンピックのどちらに関係する政策も、2015年10月1日に新しくできた文部科学省の外局、スポーツ庁が担当することになりました。初代スポーツ庁長官には、水泳の金メダリスト・鈴木大地さんが就任しました。

街の整備

公園や自然環境を生かしつつ、快適な施設や街づくりを進めていきます。たとえば、競技会場が集中する臨海部への交通網の整備が予定されています。また、世界中から集まった選手が期間中に宿泊する選手村も、競技会場への交通の便がよく、安全かつ快適に過ごせる施設になるように、建設が計画されています。

川の流れの中に石や木でできた散策路が整備されたクールスポット

暑さ対策

大会期間が真夏の8月になるため、選手や観客のための暑さ対策を計画しています。たとえば、路面の温度上昇をおさえる機能をもつ道路を整備する、街のあちこちで涼めるように「クールスポット」をつくる、うち水をするなど、さまざまな暑さ対策が検討されています。

＊紹介している情報は、2017年1月現在のものです。

バリアフリー化

道路などの設備や施設が、高齢者や障害者に対応していることをバリアフリーといいます。「おもてなし」の精神が試される分野です。オリンピック・パラリンピック大会の競技会場や関係する建物、そこに行くまでの駅や通路は、車いすの人や、目の見えない人にも使いやすいよう、バリアフリーにする必要があります。車いすでも入れるトイレの完備も大切です。

また、障害者や高齢者、子どもや外国人など、さまざまな人にとって使いやすく、わかりやすいしくみをつくる必要があります。多言語の道案内や、わかりやすい乗り換え案内の表示、ボランティアを必要としたときの相談方法など、大会運営のあらゆる面でバリアフリー化を進めていくことになっています。

リフト付きバスの普及を検討している

コンパクトな会場づくり

2020年のオリンピック・パラリンピック大会では、すでに建設ずみの施設を活用しつつ、必要な施設をその近くに配置することで、無駄なくコンパクトな会場を実現しようとしています。競技にもよりますが、東京とその近くにある競技会場を中心に、34か所を会場として使い、放送・報道センターや、IOCホテルなどもオリンピック・パラリンピック選手村から8km以内のところに設置されます。この計画により、選手や観客、報道陣の移動がとても便利になる予定です。

会場名	所在地	使用予定の競技名
新国立競技場	東京都新宿区	開会式、閉会式、陸上競技、サッカー
日本武道館	東京都千代田区	柔道、空手
有明テニスの森	東京都江東区	テニス
夢の島公園	東京都江東区	アーチェリー
東京スタジアム	東京都調布市	7人制ラグビー、近代五種、サッカー
さいたまスーパーアリーナ	埼玉県さいたま市	バスケットボール
幕張メッセ	千葉県千葉市	レスリング、フェンシング、テコンドー
江の島ヨットハーバー	神奈川県藤沢市	セーリング

新国立競技場の建設

1964年の第18回東京大会で使われた国立競技場は、2020年までに最新鋭の新国立競技場に生まれ変わります。2020年のオリンピック大会では、開会式・閉会式のほか、陸上競技、サッカーに使われる予定です。オリンピック大会が終われば、サッカーの国際試合や陸上競技の日本選手権といったスポーツ関連のイベントや、文化イベントなどにも利用される見込みです。

新しく生まれ変わる新国立競技場の完成イメージ

安全を守り、混雑を防ぐ

人々が安心して過ごせるように

東京が2020年のオリンピック開催地に選ばれた理由のひとつとして、「治安がよいこと」があげられます。犯罪が少なく、安心して過ごせる街だと世界から評価されています。しかし、期間中は多くの観光客に加え、各国の首脳も多数来日します。そのため、万全のテロ対策と、混雑による事故の対策が重要な課題となっています。

安全対策

「スポーツの祭典」を楽しんでいる人たちの雰囲気をこわさないように配慮しながら、警備は万全にしなければなりません。機械と人による警備を上手に組み合わせた、安全対策を計画しています。また、大会運営期間中、コンピューター・システムが攻撃されないようなしくみをつくる計画もあります。

電動の立ち乗り二輪車「セグウェイ」に乗って警備をする警察官（東京・羽田空港）

爆発物を探す探知犬

爆発物探知犬

爆発物探知犬は、爆発物に使われる化学物質のにおいを覚えていて、爆発物を探し出す能力を持っています。この特殊能力を持った犬に、競技会場周辺、手荷物検査などの場面で活躍してもらうことを計画中です。日本にはまだ少ないので、大会までに、育成・訓練する予定です。

＊紹介している情報は、2017年1月現在のものです。

入場チケットのICチップ

入場チケットに、購入者の氏名や顔写真の情報を登録できるように、ICチップをうめこむことが検討されています。不審人物の入場を防ぎ、入場をスムーズにして事故を防ぐことが可能です。

本人確認の機能をつけるだけでなく、機械にかざせばチケットを買った人の国の言葉で、道案内がうけられるようにするといった、いろいろなアイデアが検討されています。プライバシーを守ることも大切なので、どんな機能を盛りこむか、まだ結論は出ていません。

顔認識技術

2020年の東京大会で使用される予定の顔認識技術。これは入国しようとする人の顔を、あらかじめ登録したテロリストなどの写真と照らし合わせ、一致する場合はサングラスをかけていても見やぶることができる技術です。

また、競技会場や選手村などさまざまなところで、動いている人物の顔を見分けられる顔認識システムも、現在開発されています。

海外の安全対策

犯罪やテロの手口は年々巧妙になっています。現代の警備員は、刃物や銃といった従来からある武器だけでなく、爆発物や病原菌、化学物質などにも対処できないといけません。さまざまな脅威に備えた訓練が必要です。2012年のロンドン大会（イギリス）では、警備員の採用から訓練を終えるまでに、予想以上の時間がかかってしまいました。必要な人数を確保できないことがわかり、政府がイギリス軍を警備につかせる決定をしたのは、開会のわずか2週間前のことでした。大会期間中は、合計1万7,000人の兵士が、会場周辺の警備にあたりました。

2016年のリオデジャネイロ大会（ブラジル）では、競技場の入場ゲートなどに、最新型の荷物チェック機「カイラトロン」が導入されました。カイラトロンは、5つのロッカーと各種センサーを蜂の巣型に組み合わせた機械です。ロッカーの部分に荷物を入れると、10～20秒ほどで、金属や危険な薬品、爆発物、放射性物質などのチェックが完了します。同時に5つのロッカーが使え、並行して荷物の持ち主の身体検査もできるので、短時間で大勢の入場者をチェックすることができます。

2020年の東京大会でも、このような最新式の機械が活躍するかもしれません。

コラム 東京大会と世界平和

オリンピックやパラリンピックの開催都市には、世界中から大勢の人がやってきます。2020年の東京は、どんな人も安全に不自由なく過ごせる都市になっているでしょうか。

これからの東京がめざすべき社会は、年齢、障害の有無、国籍などに関わらず、だれもが平等に参加できる共生社会です。たとえば、会場近くを走るバスをノンステップバスにするのは、高齢者の方への思いやりです。世界でも有数の高齢社会である東京は、ほかの国にバリアフリーのお手本を見せる務めがあります。同じように、街中の点字案内や音声ガイドなどの整備は、障害者の方への配慮です。また、パラリンピックをきっかけに障害者スポーツへの関心が高まれば、競技人口が増えたり、選手たちの練習環境が向上したりするでしょう。

外国人の方への気配りも欠かせません。とくに観光地や駅周辺の施設などでは、案内を他言語で表示したり、外国語のできるスタッフを配置したりして、どこから来た人でもスムーズに行きたい場所へ行けるような手助けをする必要があります。

高齢者と若者、障害者と健常者、そして外国人と日本人……。さまざまな人たちがおたがいに支え合う共生社会の実現は、世界平和への第一歩。「共生」の考え方を社会に浸透させ、先進的な取り組みを海外に発信することが、2020年の東京に与えられた使命なのです。

オリンピック後を見すえて

環境問題への取り組み

地球の環境が悪くなって、食糧が不足したり、病気にかかる人が増えたりすると、わたしたちはスポーツを楽しむことができなくなるかもしれません。オリンピックを開くために、自然を破壊しては意味がありません。現代のオリンピックにとって、環境問題への取り組みは重要な課題なのです。

環境問題

大気汚染や森林破壊、温暖化といったさまざまな環境問題に直面して、20世紀後半ごろから、「地球の環境を守ろう」という動きが世界中で活発になってきました。そして1990年、当時の国際オリンピック委員会(IOC)サマランチ会長は、「スポーツ」「文化」そして「環境」をオリンピック・ムーブメントの三本柱と位置づけました。とくにオリンピック競技大会については、「持続可能な開発」という表現を使い、人間や自然にとって望ましい環境を維持しながら、大会を運営していくよう働きかけています。

1976年に開催された第12回インスブルック冬季大会(オーストリア)。もともと開催予定都市だったデンバーが、環境保護団体からの抗議にあい、大会を返上した

これまでのオリンピック開催国の環境対策

1990年代から、オリンピックの開催都市は、さまざまな環境対策に力を入れています。

大会名(開催年)	開催国	対策
第17回リレハンメル冬季大会(1994)	ノルウェー	アイスホッケー会場は、岩をくり抜いた中に建設し、電力の使用量をおさえた。また、ジャガイモを原料とした、土に還る食器を採用。プラスチックごみが出ないようにした。
第26回アトランタ夏季大会(1996)	アメリカ	アトランタ市民に、自家用車の使用をさけるようよびかけ、公共の交通機関の利用をすすめた。
第18回長野冬季大会(1998)	日本	「美しく豊かな自然との共存」を理念としてかかげ、既設の建物を活用。コースなどに使った山林は、会期後に植林をした。
第27回シドニー夏季大会(2000)	オーストラリア	オリンピック史上、最も緑があふれる大会。開催までに、国内に200万本の植林が行われた。また徹底した環境対策を実施。選手村のエネルギー源に太陽電池が使われた。
第20回トリノ冬季大会(2006)	イタリア	大会にともなって発生する二酸化炭素(CO_2)と同じ量のCO_2の削減に取り組んだ。地球温暖化防止のための国際協定「京都議定書」をふまえたもの。
第30回ロンドン夏季大会(2012)	イギリス	オリンピック史上、もっとも環境に配慮した大会をめざし、化学物質で汚染されていた競技予定地の土をきれいにすることから始めた。照明の使用をおさえるために自然光を取り入れた。

＊紹介している情報は、2017年1月現在のものです。

日本の環境対策

日本でも、オリンピックを通じて、積極的な環境対策が行われています。

札幌大会

日本が環境保護の難しさを知るきっかけになったのは、1972年の第11回札幌冬季大会です。国立公園の一部でもある恵庭岳の森林を切り開き、約2kmのスキー滑降用コースをつくりました。反対する環境保護団体に、「大会終了後は復元する」と約束した上での開発でした。大会終了後、ロープウェーやリフトはすぐに撤去され、植林が始まりましたが、2億4,000万円と15年を費やしても、もとのような森林を取りもどすことはできていません。一度破壊してしまった自然環境は、簡単には修復できないのです。

日本オリンピック委員(JOC)の取り組み

日本オリンピック委員会(JOC)は、「地球規模で考え、足もとから行動する」をスローガンに、JOCの事務所みずから、電力の節減や紙の有効利用など、省資源とリサイクルを実践しています。また、「スポーツ環境専門部会」をつくり、オリンピック選手やチームを通じて環境保全のメッセージを伝えたり、競技会場にポスターや横断幕を掲示したりして、啓発活動を進めています。こうした活動を行う選手を「JOCスポーツ環境アンバサダー」といいます。アンバサダーには、テニスの松岡修造さんやバレーボールの大林素子さん、水泳の宮下純一さんらが就任しています。

燃料電池バス

燃料電池とは、水素が酸素と結びついて水になるときのエネルギーを、電気や熱として取り出す装置です。燃料を燃やしてエネルギーに変えるこれまでの装置とはちがい、大気を汚染する物質がほとんど出ません。燃料電池は、ガソリンエンジンに代わる車の動力源として注目されています。東京都では、都営バスの車両を燃料電池バスに置き換えていくことを計画しており、2017年にまず2台を導入します。また、燃料電池自動車にとってのガソリンスタンドにあたる、「水素ステーション」の整備も進めています。

地球温暖化対策

東京大会で、馬術やボート、カヌー、自転車の会場予定地となっている「海の森」。もともとは埋め立て地で、2007年から、計画的な植林が続けられている場所です。植物を増やすと、二酸化炭素をはじめとした温室効果ガスの排出量が減り、地球温暖化をおさえる効果があるとされています。この会場でのオリンピック開催は、温暖化防止に取り組む日本の姿勢を、東京から世界に向けてアピールすることになります。

コラム オリンピック後の日本

東京都は2015年1月、「大会後のレガシーを見据えて」という文書を発表しました。これは、オリンピック大会が終わってからも、価値あるレガシー(遺産)を残すために、何をするのかをまとめたものです。「競技施設や選手村のレガシーを都民の貴重な財産として未来に引き継ぐ」など、8つのテーマをかかげています。

2016年に、カヌー会場を東日本大震災の被災地・宮城県へ移す案が出たのも、テーマのひとつ「被災地との絆を次代に引き継ぎ、大会を通じて世界の人々に感謝を伝える」に着目したものです。

東京オリンピックにむけて
わたしたちにできること

オリンピックには、「参加することに意義がある」という言葉があります。オリンピックに参加する方法は、競技に参加することや、観客として応援に参加することだけではありません。子どもも大人も、自分にできることでオリンピックに参加するのが「オリンピック・ムーブメント」の特徴です。

学ぶ

オリンピックについて学ぶことは，立派な参加方法のひとつです。オリンピックそのものを学ぶほかにも、世界中の国のことや、英語などの言葉を学ぶ方法もあります。

❶オリンピックを学ぶ

文部科学省は2012年から、中学校3年生の保健体育で「スポーツやオリンピック・ムーブメントの意義」を学習するように決めました。また日本オリンピック委員会（JOC）は、中学2年生を対象に、「オリンピズム（オリンピックの考え方）」や「オリンピックの価値」をより身近に感じてもらうため、オリンピアン（オリンピック出場選手）を先生として学校に派遣し、「オリンピック教室」を実施しています。また、小・中学生がオリンピックの歴史や意義を学べるように、JOCのホームページに学習ページをつくっています。

＊JOCのホームページ
「オリンピックを学ぼう」
http://www.joc.or.jp/teen/

オリンピック教室で中学生とふれ合うメダリストの中村礼子さん

❷多様な価値を学ぶ

オリンピックには、世界中からいろいろな人が集まります。人種や肌の色、性別、言語、宗教、政治、障害の有無など、あらゆる面で、ちがいをお互いに認め合うことが大切です。そうしてすべての人が尊重し合うことが、オリンピックの目的でもある平和な社会の実現につながります。

❸英語を学ぶ

世界から、たくさんの人がオリンピックを見にきます。街で困っている人を見かけたら、助けてあげたいですね。しかし、たくさんの言語を覚えることはできませんから、まずは学校で勉強している英語で話せるようにしましょう。オリンピックは、外国の人と友だちになれるよい機会です。今から、学校だけでなく、テレビやラジオでも英語にふれる機会を増やしてみましょう。

＊紹介している情報は、2017年1月現在のものです。

協力する

自分のくらす国でオリンピックが開催される機会は、めったにありません。言葉がわかることや土地勘があることなど、自分が持っている力を、オリンピックのために使ってみましょう。

ボランティアとして関わる

オリンピックは、選手やスポーツ関係者だけでなく、世界中の人の協力があってはじめて実現します。その中でも、開催都市・開催国の人々の協力は、オリンピックの成功のために欠かせません。とくにここ20年ほどの大会では、ボランティアの力が注目されています。2012年のロンドン大会（イギリス）では、ボランティアの人々を「ゲームズメーカー（大会をつくる人）」とよび、その仕事をたたえました。ボランティアには、技能が必要なものから、研修を受ければできるものまで、さまざまな内容の活動があります。

外国人に声をかける東京大会ボランティア（ユニフォームは2015年当時のもので、2020年には変わる可能性があります）

ボランティアの種類

東京都と東京オリンピック・パラリンピック競技大会組織委員会は、都市ボランティアと大会ボランティア8万人を、2018年ごろから募集します。都市ボランティアは、開催都市のいろいろな場所で、外国から訪れる観客をサポートします。「おもてなし親善大使」は、外国人旅行者に都内観光スポットを案内する、中高生のボランティア。「外国人おもてなし語学ボランティア」は、街中で困っている外国人を見かけたときなどに、簡単な外国語で声をかけ、道案内などの手助けをするボランティアです。そのための講座がありますので、やってみたい人は、学校で相談してみましょう。

大会ボランティアは、競技会場や選手村など開催地の中心で、大会の運営面を支える役割です。競技の補助、来賓や観客の案内、報道陣への対応、人の輸送など、幅広い仕事があります。

過去の大会で活躍したボランティア

- **情報テクノロジー**：競技結果などを表示する電子機器のシステム管理
- **コミュニケーション**：競技の会場や開始時間などを観客たちに伝達、誘導
- **競技運営補助**：競技場やトレーニング場などでの運営補助
- **医療サービス**：けが人や病人への処置、ドーピング検査など
- **エネルギー運営**：競技場内に供給される電力やガスを管理
- **環境**：ごみのリサイクル方法などをアドバイス
- **警備**：競技場内外の警備
- **輸送**：選手たちや観客を乗せたバスの運転、駐車場での交通整理
- **国際関係・接遇**：IOC役員など重要人物への対応や宿泊管理
- **語学サービス**：競技役員や選手などに対する通訳
- **報道支援**：テレビレポーターや新聞記者など報道関係者の補助
- **広報**：大会や関連イベントに関する情報の発信
- **式典パフォーマンス**：開会式や閉会式でのパフォーマンス

Part 5

オリンピックの競技を知ろう

陸上競技

古代オリンピックのころからある競技です。「走る」「歩く」「とぶ」「投げる」などの基本的な動作で、記録の更新に挑戦します。

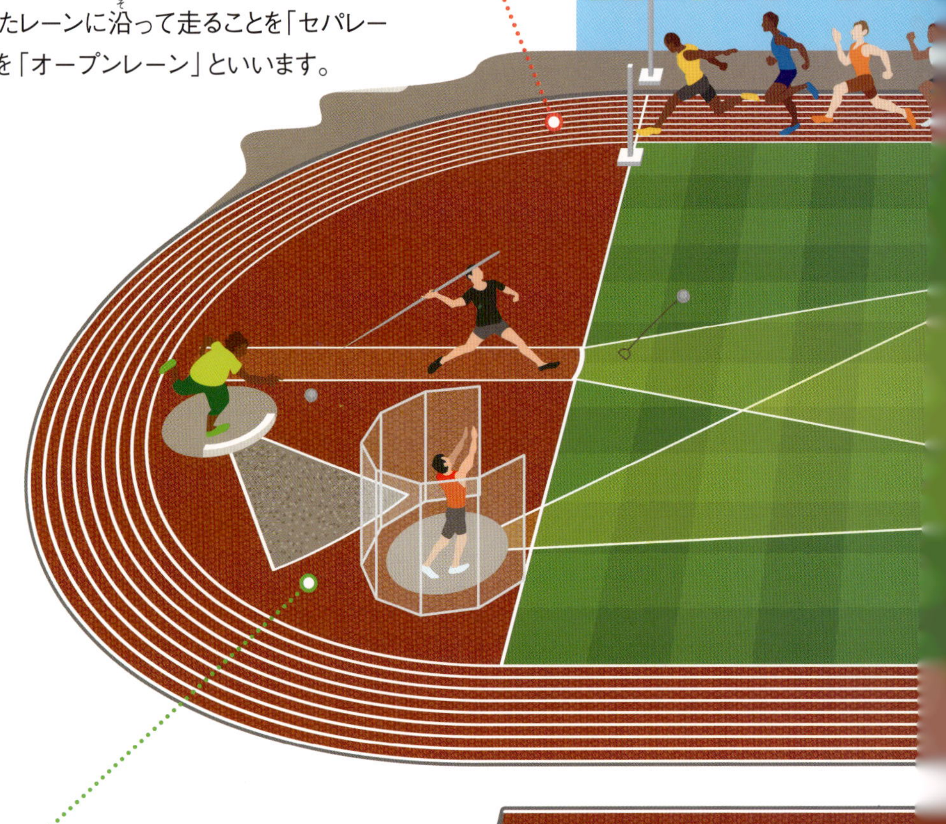

トラック

競技場内の、レーンがある部分です。選手はここで、決められた長さをいっせいに走り、タイムを競います。割り当てられたレーンに沿って走ることを「セパレートレーン」、自由にレーンをこえて走ることを「オープンレーン」といいます。

短距離走（100m、200m、400m）

かがんだ姿勢から走り出すクラウチングスタート。セパレートレーンで競うため、高い瞬発力と走力が求められる。

中距離走（800m、1,500m）
長距離走（5,000m、10,000m）

立った姿勢から走り出すスタンディングスタート。800mは途中から、1,500m・5,000m・10,000mは最初からオープンレーン。短距離走にはない、位置どりやペース配分の駆け引きが見られる。

ハードル（男女400m、男子110m、女子100m）

10台のハードルを飛びこえながら走る。

障害（3,000m）

トラック1周（400m）につき4つの障害物と1つの水たまりを、各7回飛びこえながら走る。

リレー（4人×100m、4人×400m）

4人の選手が1本のバトンを引き継ぎながら走る。走る速さだけでなく、どれだけスムーズにバトンを受け渡しできるかが勝負どころ。

フィールド

トラックの内側や外側のエリアのこと。物を投げて飛距離を競う「投てき」、とんだ距離や高さを競う「跳躍」など、広い面積が必要な種目が行われます。

投てき

やり投げ

助走をつけて、先端から着地するようにやりを投げる。やりの長さは男子2.6～2.7m、女子2.2～2.3m。

砲丸投げ

金属製の球を投げる。投げるとき、球を肩より後ろに引くと反則。球の重さは男子7.26kg、女子4kg。

ハンマー投げ

金属製の球につけたワイヤーを持って体ごと回転。遠心力を利用して、勢いよく球を飛ばす。球の重さは砲丸投げと同じ。

円盤投げ

金属のふちがついた木製の円盤を、体をねじるように回転させながら投げる。円盤の重さは男子2kg、女子1kg。

オリンピックでは、夏季と冬季の大会で異なる競技が行われます。競技とは、スポーツを大まかに分類したもの。各競技を、内容や人数などでさらに細かく分類したものが種目です。陸上競技でいえば、「陸上競技」が競技名、「100m」や「走り高とび」などが種目名にあたります。

＊とくに記載がない場合、種目は男女共通です。

ロード

競技場の外に続く、一般の道路のこと。トラックと同じく、走る速さを競う種目が行われます。距離の長さに加え、坂道や日差し、風といった自然条件がレースをいっそうハードにします。

マラソン

42.195kmを走るレース。給水のタイミング、ほかの選手との心理戦など、単純なルールの中にも見どころがある。

競歩（男女20km、男子50km）

マラソンと同じようにタイムを競うが、決して走ってはいけない。つねにどちらかの足が地面に接していないと、「走った」とみなされ、失格につながる。

跳躍

走り幅とび

助走をつけてとんだ距離を競う。踏み切った足が踏み切り線をこえた場合、そのジャンプは無効になる。

三段とび

助走のあと、ホップ・ステップ・ジャンプと続けて3回とび、最後は両足で着地。とんだ距離の合計を競う。

棒高とび

助走と、手に持った棒のしなりを利用してとび、落とさずにこえられたバーの高さを競う。棒の長さや材質は自由。

走り高とび

助走をつけてとび、落とさずにこえられたバーの高さを競う。とび方はいくつかあるが、背面とびが主流。

混成

十種競技・七種競技

男子	女子
100m	200m
400m	−
1,500m	800m
110mハードル	100mハードル
砲丸投げ	砲丸投げ
やり投げ	やり投げ
円盤投げ	−
走り高とび	走り高とび
走り幅とび	走り幅とび
棒高とび	−

男子は十種競技、女子は七種競技を2日かけて行う。勝者は、幅広い能力と体力をたたえて「キング（またはクイーン）・オブ・アスリート」とよばれる。

水泳

1896年の第1回アテネ大会（ギリシャ）からある競技。当初の種目は船員のための「100m自由形」だけで、競技の場所も港の海面でした。

競泳

◉種 目

男女共通（一部、男女で距離が異なる）
自由形（50m、100m、200m、400m、女子800m、男子1,500m）
背泳ぎ（100m、200m）
平泳ぎ（100m、200m）
バタフライ（100m、200m）
個人メドレー（200m、400m）
自由形リレー（4人×100m、4人×200m）
メドレーリレー（4人×100m）

個人メドレーは、1人の選手がバタフライ→背泳ぎ→平泳ぎ→自由形（クロール）の順で泳ぐ。

いっせいに泳いでタイムを競うシンプルな競技。距離や泳ぎ方ごとに種目が分かれている。「メドレーリレー」では、4人が同じ距離を、背泳ぎ→平泳ぎ→バタフライ→自由形（クロール）の順で泳ぐ。

オープンウオータースイミング（マラソン）

プールではなく、広くて流れの少ない海や川など、自然の中で行われる。男女ともに10kmを泳ぎ、タイムを競う。泳ぎ方は自由。給水は、途中の桟橋や並走する船から差し出される給水用竿から受け取る。

コースを示すロープはない。選手は水面に浮かぶブイを目印に泳ぐ。

飛びこみ

◉種 目

男女共通
3m飛板飛びこみ
10m高飛びこみ
シンクロナイズドダイビング（3m、10m）〈2人〉

飛びこみ台から水面までのわずかな間に、宙返りなどの技を決める。踏み切りや空中の姿勢などが審査される採点競技。「シンクロナイズドダイビング」では、2人が一緒に飛びこみ、息の合った演技を見せる。

しぶきを立てない美しい入水も高得点のポイント。

シンクロナイズドスイミング

◉種 目

女子のみ
チーム〈8人〉
デュエット〈2人〉

音楽に合わせてプールで演技を行い、技の完成度やそろい方、表現力などを競う。「チーム」では8人、「デュエット」では2人で演技をする。

もぐっていても音楽が聞こえるよう、プールには水中専用のスピーカーが設置してある。

水球

「水中の格闘技」とよばれるほど、選手同士が激しくぶつかり合うスポーツ。1チーム7人で、プールに設置された相手側ゴールにボールを入れ、点数を競う。プールの底に足をついたり、ゴールキーパー以外の選手が両手でボールを投げたりするのは反則。試合時間は8分×4ピリオドの合計32分間。

試合中はずっと泳ぎ続けなければならず、選手にはスタミナが要求される。

体操

古代オリンピックからある競技のひとつ。技の難しさや、身のこなしの美しさを競う採点競技です。昔は「つな登り」などもふくまれていました。

体操競技

◉種目

男子	女子
ゆか	ゆか
跳馬	跳馬
あん馬	平均台
平行棒	段ちがい平行棒
鉄棒	-
つり輪	-
個人総合	個人総合
団体総合〈4人〉	団体総合〈4人〉

写真は男子の「ゆか」。女子では音楽に合わせて演技を行う。

ゆかや跳馬などの器械の上で、演技を行う。かつて採点は、10点満点からミス分の点を引く減点方式だったが、難易度の高い新技が編み出され続けているため、2008年の第29回北京大会（中国）からは上限のない加点方式になった。個人・団体の「総合」は、各種目の合計点で順位を決める。

新体操

演技は13m四方のマットの上で行われる。

ロープ、フープ、クラブ、ボール、リボンをあやつり、音楽にのせて演技し、美と技術の採点で競う。女子種目のみだが、日本では男子種目もあり、国際化をめざしている。

◉種目

女子のみ
個人総合
団体総合〈5人〉

トランポリン

世界トップレベルの選手では、ジャンプの高さが7mをこえる。

予備ジャンプを繰り返したあと、連続10回のジャンプの間に、10種類のアクロバティックな技を繰り出す。技の難しさ、美しさに加え、跳躍時間の長さを競う。

自転車

第1回アテネ大会から毎回実施されている競技です。1996年の第26回アトランタ大会（アメリカ）からは、プロ選手も出場できるようになりました。

トラックレース

すり鉢状につくられた競技場内側の斜面を駆け抜ける。1周250m。「ケイリン」は、日本の競輪から生まれた種目。

◉種目

男女共通
スプリント
チームスプリント〈男子3人、女子4人〉
チームパシュート〈4人〉
ケイリン
オムニアム

ロードレース

一般の道路で行われる。「ロードレース」では坂道が多いコースを走り、着順を競う。「ロード個人タイムトライアル」では平らな道のコースを走り、タイムを競う。

◉種目

男女共通
ロードレース
ロード個人タイムトライアル

マウンテンバイク（クロスカントリー）

1周4～6kmの舗装されていない周回路を使い、着順を競う。

BMX

車輪の直径が小さい自転車BMXに乗り、カーブやアップダウン、ジャンプ台などが設けられたコースを走って着順を競う。

レスリング

格闘技の原点ともいえる、歴史ある競技。「グレコローマンスタイル」は上半身だけを、「フリースタイル」は全身を、攻撃と防御に用いる。長い間、男子のみの競技だったが、2004年の第28回アテネ大会（ギリシャ）から女子フリースタイルが加わった。試合時間は3分×2ピリオドで、相手の両肩を1秒間マットにつければ勝ち。勝敗がつかないときは、技を決めたときに与えられるポイントの、ピリオドが終わった時点での合計で判定する。打撃技、関節技、かみつきなどは禁止。

◉種 目

	男子	女子
グレコローマンスタイル	59kg級～130kg級（6階級）	―
フリースタイル	57kg級～125kg級（6階級）	48kg級～75kg級（6階級）

2016年の第31回リオデジャネイロ大会（ブラジル）では、日本が金メダル4つ、銀メダル3つの好成績を残した。

ヘッドギアやボディープロテクターには、攻撃が有効かどうかを判定する電子センサーがついている。

テコンドー

古くから朝鮮半島に伝わる武術と、日本の松濤館空手が原形。選手はヘッドギアとボディープロテクターをつけ、多彩な足技やパンチを繰り出す。けりは腰から上、パンチはボディーのみで、背中への攻撃は禁止。勝敗は得点・減点の集計で決まるほか、ボクシングのようにKO（ノックアウト）負けがある。

◉種 目

男子	女子
58kg級～80kg超級（4階級）	49kg級～67kg超級（4階級）

ウエイトリフティング

バーベルを頭上に持ちあげ、両手両足を完全に伸ばした状態で静止させることができた重量を競う。あげ方は、ゆかから一気に頭上まであげる「スナッチ」と、いったん肩の高さまであげてから次の動作で頭上へあげる「クリーン&ジャーク」のふたつ。競技者は、「スナッチ」と「クリーン&ジャーク」の試技を3回ずつ行い、それぞれのあげ方のベスト重量の合計で順位を競う。

◉種 目

男子	女子
56kg級～105kg超級（8階級）	48kg級～75kg超級（7階級）

「クリーン&ジャーク」で肩から頭上にバーベルをあげた瞬間。このあとひざを伸ばして静止する。

ボクシング

拳にグローブをつけ、口にはマウスピースをはめて、6.1m四方のリングでパンチを打って戦う。オリンピックに参加できるのはアマチュア選手だけ。男子は3分×3ラウンド、女子は2分×4ラウンドの中で、審査員の判定でポイントを多く得たほうが勝者となる。相手をKO（ノックアウト）した場合はその時点で勝利が決まる。

◉種 目

男子	女子
ライトフライ49kg級〜 スーパーヘビー91kg超級（10階級）	フライ51kg級〜 ミドル75kg級（3階級）

2016年の第31回リオデジャネイロ大会（ブラジル）では、男子のみ、ヘッドギアを着用せずに試合を行うルールが採用された。

より見応えのある試合展開にするため、「有効」や「合わせ技一本（技あり2回で一本とみなす）」を廃止し、男子の試合時間も4分に短縮するルール変更が2017年から試行されている。

柔道

嘉納治五郎が日本に古くから伝わる「柔術」を体系化した、「体育・勝負・修心の道」。投げ技と固め技を合わせると100本近くある技を、互いに繰り出して戦う。試合時間は男子5分、女子4分。時間中に技がしっかり決まれば「一本」となり、試合終了。決まらなかった技も「技あり」「有効」として採点されていて、「一本」が出なかった場合はその合計点で勝敗が決まる。

◉種 目

男子	女子
60kg級〜100kg超級（7階級）	48kg級〜78kg超級（7階級）

フェンシング

中世ヨーロッパの騎士道から発展した、剣の技を競う競技。「エペ」では全身を、「フルーレ」では腕と頭部以外の上半身を、剣先で突く。「サーブル」は突くだけでなく斬ることもできるが、部位は上半身に限られる。種目ごとに異なる剣を使い、幅1.8m、長さ14mの細長いピスト（試合場）で戦う。現在では、より正確な審判のため、剣が当たったかどうかは電子判定されている。

◉種 目

男女共通
エペ（個人、団体）
フルーレ（男女個人、男子団体〈3人〉）
サーブル（男女個人、女子団体〈3人〉）

選手の服やマスクには金属糸が織りこまれていて、剣が当たると電気が流れ、審判機のランプが光る。

シャトルの速さは時速400kmにもなり、球技の中でもトップクラスのスピード。

バドミントン

イギリスに伝わる羽根つき遊び「バトルドーアンドシャトルコック」から発展した競技。長方形のコートの中央に張ったネットをはさんで向き合い、シャトル（羽根のついた球）を、相手側コートをめがけてラケットで打ち合う。相手側コートにシャトルを落とせば１点。21点を先取するとゲームを獲得でき、２ゲームを先取したほうが勝者となる（３ゲーム制）。

◉種 目

男子	女子
シングルス	シングルス
ダブルス〈２人〉	ダブルス〈２人〉
ミックスダブルス〈男女２人〉	

卓球

腰くらいの高さの卓球台をはさんで立ち、ラバー（ゴム）を貼ったラケットでボールを打ち合う。小さく軽いボールが高速で回転しながら飛び交うため、選手には高い集中力と、前後左右にすばやく踏みこめる足腰の強さが求められる。相手がレシーブやサーブのミスをすると１点となり、11点先取でゲームを獲得。「シングルス」は４ゲーム先取、「団体」は３ゲーム先取したほうが勝ち。「団体」はシングルス２試合→ダブルス１試合→シングルス２試合の順に戦う。

◉種 目

男女共通
シングルス
団体〈３人〉

ラケットの握り方には、ペンを持つような「ペンホルダーグリップ」と、握手するような「シェークハンドグリップ」がある。

攻撃をする選手。このほかに、チームには必ず１人、守備だけをする「リベロ」がいる。

バレーボール

屋内のコートで、中央のネットをはさんでボールを打ち合う。強烈なサーブやアタック、それを受け止めるレシーブ、味方に打ちやすいボールをあげるトスなど、さまざまなボールさばきの技術が必要とされる。１チーム６人で、相手側から打ちこまれたボールを３打以内で返す。相手側コートにボールを落とすか、相手側から打ち返されたボールがコート外に落ちれば得点。25点（第５セットのみ15点）先取で１セット獲得、３セット先取で勝利。屋外の砂浜で行う「ビーチバレー」もほぼ同じルールだが、１チーム２人。21点（第３セットのみ15点）先取で１セット獲得、２セット先取で勝利。

バスケットボール

1890年代にアメリカで生まれたスポーツ。相手側のゴールリングにボールを投げ入れると得点が入る。通常のショット（シュート）なら2点、3ポイントライン外側からのショットなら3点、相手のファウルで得たフリースローなら1点。10分×4ピリオドの試合時間内により多く得点したチームの勝ちとなる。「ボールを持って歩けるのは2歩まで」「相手側ゴール近くの制限区域内では、ボールを持てるのは3秒まで」といったルールのため、激しいパスやドリブルでボールが運ばれ、迫力ある試合が展開される。

1チーム5人が出場。選手は試合中、ベンチにいるメンバーと何度でも交代できる。

前半と後半、各30分の試合時間いっぱいに、激しいプレーが繰り広げられる。

ハンドボール

「走る」「とぶ」「投げる」の三要素に加え、体がぶつかり合う格闘技的な要素も入ったスポーツ。力強く大きな動きのシュートや、オフェンス（攻撃）とディフェンス（守備）の激しい入れかわり、スピーディーな試合展開が見られる。1チーム7人で、そのうち1人はゴールキーパー。残り6人はボールを相手側コートへ運び、ゴールをねらう。ボールを持つのはひざから上で、3秒まで。また、ボールを持って歩けるのは3歩まで。

近代五種

1人でフェンシング、水泳、馬術、ランニング、射撃の5種目をこなし、順位を決める複合競技。古代オリンピックの五種競技（ペンタスロン）にならって、クーベルタンが考えた競技とされる。フェンシングはエペで戦い、水泳は自由形で200m泳ぎ、馬術は抽選で決めた馬とともに障害を飛びこす。3種目の総合成績が高い順に、時間差でランニングをスタートし、射撃の課題をこなしながら走る。最終的な着順が順位となる。

すべての種目を1日でこなすため、それぞれの種目の技術はもちろん、強い肉体と精神力が必要。

サッカー

おもに足を使ってボールを相手側のゴールへ入れ、得点を競う。相手との激しいボールの取り合い、味方との息の合ったパス回し、そして鋭いシュートなど、さまざまな試合展開が楽しめる。1チーム11人で、前半と後半、各45分で戦う。手を使っていいのはペナルティエリア内のゴールキーパーだけ。男子にのみ年齢制限があり、24歳以上の選手は1チームに3人までしか登録できない。

選手への負担を考え、試合と試合の間を2日以上空けるルールがある。そのためオリンピックでは、開会式より前から試合が行われている。

ボールの滑りをよくするため、フィールドに水をまいてから試合をする。

ホッケー

名前の由来は、フランス語で「牧羊者の杖」という説が有力。スティックをたくみに使って、走りながらボールを相手側のゴールに打ちこむ。スピードと、迫力あるボールの奪い合いが見どころ。1チーム11人で、35分×2ハーフの時間内に多く得点したほうが勝ち。同点のときは、延長戦で先に得点したチームが勝つ「ゴールデンゴール方式」をとる。それでも同点のときは、両チーム5名ずつのシューターとゴールキーパーで攻防する、シュートアウト（SO）戦で決着をつける。

テニス

コート中央のネットをはさんで、ボールをラケットで打ち合う競技。飛んでくるボールをワンバウンド以内に打ち返し、なおかつ相手側のコートに入れ続けなければならず、高い動体視力と持久力が要求される。試合は2セット（「男子シングルス」は決勝戦のみ3セット）先取すると勝ち。1セットを取るには6ゲームを獲得しなければならない。また、1ゲームを獲得するには、2ポイント以上の差をつけて4ポイントを先取する必要がある。

◉種 目

男子	女子
シングルス	シングルス
ダブルス〈2人〉	ダブルス〈2人〉
ミックスダブルス〈男女2人〉	

テニスでは、0～3ポイントをそれぞれ「ラブ」「フィフティーン」「サーティー」「フォーティー」と数える。

馬術

オリンピック競技の中でただひとつ、男女の区分を一切しない競技。人と馬が一心同体となって、動きの美しさや正確さ、また走ったりとんだりする能力を競う。「馬場馬術」では、ステップを踏む、図形を描くなどの演技をする。「障害飛越（障害馬術）」では、場内に設置されたさまざまな色や形の障害を飛びこえながら走る。「総合馬術」では、自然に近い起伏のあるコースを走る「クロスカントリー」を加えた3種目を、3日間かけて行う。

◉種 目

男女混合
馬場馬術（個人、団体）
障害飛越（個人、団体）
総合馬術（個人、団体）

馬と息を合わせ、適切なタイミングで合図を出すことが大切なので、経験豊富な中高年の選手も多く出場する。

アーチェリー

的に向かって弓で矢を放ち、刺さった矢の点数を競う。直径1m22cmの円形の的は、中心が10点、いちばん外側が1点に相当。矢は時速250km前後で飛び、70m先の的に突き刺さる。高い集中力と、姿勢を正しく保ったまま大きな弓の弦を引ける筋力が求められる競技。

対戦する選手は交互に矢を射る。相手の結果に動じない精神力の強さも大切。

◉種 目

男女共通
個人総合
団体〈3人〉

射撃

◉種 目

	男子	女子
ライフル射撃	50mライフル3姿勢	50mライフル3姿勢
	50mライフル伏射	―
	10mエアライフル	10mエアライフル
	25mラピッドファイアーピストル	―
	50mピストル	25mピストル
	10mエアピストル	10mエアピストル
クレー射撃	トラップ	トラップ
	スキート	スキート
	ダブルトラップ	―

的の中心からのわずかなずれで、勝敗が分かれることもある。

ライフル射撃では固定された的を、クレー射撃では空中を飛ぶクレー（粘土を焼き固めた皿）を、銃器で撃つ。ライフル射撃の的には円が描かれ、中心に当たれば10点。着弾点が中心から離れるほど得点が下がる。クレー射撃の「クレー」には、命中したらすぐわかるよう、中に色つきの粉を仕込む場合もある。肉体的な能力よりも精神力が重要で、馬術と同じく、年齢を重ねた選手も多く活躍する競技。

カヌー

◉種 目

		男子	女子
スプリント	カヤック	シングル（200m、1,000m）	シングル（200m、500m）
		ペア〈2人〉（200m、1,000m）	ペア〈2人〉（500m）
		フォア〈4人〉（1,000m）	フォア〈4人〉（500m）
	カナディアン	シングル（200m、1,000m）	−
		ペア〈2人〉（1,000m）	−
スラローム	カヤック	シングル	シングル
	カナディアン	シングル	−
		ペア〈2人〉	−

左右に水かきのついたパドルで、座ってこぐ「カヤック」。一方「カナディアン」は、片側にだけ水かきのついたパドルで、立てひざでこぐ。

1～4人乗りの小舟を使った競技。「スプリント」種目では、流れのない湖面などに設けた直線コースをいっせいに進み、着順を競う。「スラローム」は、流れのある川を1艇ずつ下り、タイムを競う種目。途中のゲートをいかにスムーズに通過できるかがカギになる。

ボート

ゴールの瞬間に意識を失うほど、体力や気力の限界までこぎきることを「ローアウト」という。全力を尽くすことの大切さをあらわす言葉。

カヌーとちがい、舟はこぎ手から見て後ろ向きに進む。舟の先がゴールに着くまでのタイムを競う。距離は男女とも2,000m。こぎ手が左右に1本ずつオールを持つ「スカル」と、1本のオールを使って片側でこぐ「スウィープ」がある。1～8人のこぎ手のほか、種目によっては舵とり役「コックス」も乗りこみ、力を合わせてこぎ進む。

◉種 目

	男女共通
スカル	シングルスカル
	ダブルスカル〈2人〉
	軽量級ダブルスカル〈2人〉
	クォドルプルスカル〈4人〉
スウィープ	舵なしペア〈2人〉
	舵なしフォア*〈4人〉
	軽量級舵なしフォア*〈4人〉
	エイト〈8人〉

*男子のみ

セーリング

レースは全員がいっせいにスタート。着順が早いほど低い点数となり、全レースの合計得点が低いほうから順位をつける。

ヨットに乗って、レース海面に設置されたブイを、決まった順序と回数で回る。風の力で進むため、風向きや天候、潮の流れなどを読む力と、ヨットをあやつる体力が求められる。

◉種 目

男子	女子
RS:X級*	RS:X級*
470級〈2人〉	470級〈2人〉
49er級〈2人〉	49erFX級〈2人〉
レーザー級	レーザーラジアル級
フィン級	−
ナクラ17級〈男女2人〉	

*ヨットではなく、ウインドサーフィンボードを使用

トライアスロン

1人の選手が続けて「スイム」「バイク」「ラン」を行い、着順を競う。1.5kmを泳いだあと、自転車で40km進み、10kmを走ればゴール。1970年代のアメリカで誕生した当初は、もっと長い距離を競うものだったが、距離を短くしたおかげで世界中に広がった。意外なことに、マラソンよりも肉体的ダメージは小さいといわれる。

2016年

リオデジャネイロ大会から増えた競技

オリンピックの競技は、世界での競技人口や知名度などを考慮して、大会ごとに見直されながら増えてきました。リオデジャネイロ大会ではゴルフと7人制ラグビーが追加され、28競技306種目が行われました。

使うフィールドは15人制のものと同じなので、ボールが大きく動き、スピーディーな試合展開が楽しめる。

7人制ラグビー

楕円形のボールを使う、陣取りに似た競技。ボールをパスしあって、相手側陣地のいちばん奥をめざす。選手はおもに相手からボールを奪う「フォワード」３人と、おもに走ってボールを運ぶ「バックス」４人に分かれる。試合時間は前半・後半各７分（決勝と3位決定戦は各10分）。ボールを相手側インゴール（ゴールラインより奥の地面）につけると「トライ」成功で、５点が入る。ゴールライン上には２本のゴールポストと１本のクロスバーがＨ字型に立てられていて、クロスバーの上にキックでボールを通すとさらに２点が入る。

ゴルフ

池やバンカー（砂場）などが設けられたコースで、クラブを使ってボールを打ち、カップ（穴）に入れるまでの打数の少なさを競う。風向きや芝の深さなどを考えながら、正確にボールを運ぶ技術が求められる。カップにボールが入るまでが「１ホール」。全選手が18ホール×４日間で計72ホールを回り、合計打数が少ないほうから順位をつける。同じ打数の１位が２名以上いた場合は、３ホールの延長戦「プレーオフ」でメダルを争う。

リオデジャネイロ大会で、112年ぶりに正式競技として復活した。

2020年

東京大会で増える競技

オリンピック開催予定地の組織委員会は、国際オリンピック委員会（IOC）に追加種目を提案することができます。2016年8月の総会で、東京大会では5競技18種目の追加が正式に決まりました。

＊野球とソフトボールは1つの競技と数えます。

正式競技として復活したのは、2008年の第29回北京大会（中国）以来、3大会ぶり。

野球（男子）

日本でも国民的なスポーツとして親しまれている、アメリカ発祥の競技。2000年の第27回シドニー大会（オーストラリア）に、日本はプロアマ混合チームで臨んだところ4位だったため、その後はプロ選手だけのチームで出場している。1チームは9人。攻撃チームの打者は、守備チームの投手が投げたボールをバットで打つ。打ったボールが守備チームの選手に捕られるまでの間に走り、3つの塁を回って、ホームベースにもどれれば1点。3つアウトが出たら攻撃と守備を交代。1試合に攻守のセットを9回行う。

北京大会では、日本チームが金メダルをとった実績がある。

ソフトボール（女子）

野球の用具やルールを、より多くの人が楽しめるように少しずつ変更した競技。日本でも男女問わず取り組めるスポーツとして長い歴史を持ち、1949年に日本ソフトボール協会が設立され、その年の8月には第1回全日本女子選手権大会が開催されている。ルールなどは野球とほぼ同じだが、1試合は7回で、より大きなボールと小さいバットを使う。グラウンドもひと回り小さい。また、投手の投げ方は下から投げる「アンダースロー」のみ。

「パーク」を行うコースは、コンビプールとよばれる。

スケートボード

日本では1970年代に大流行し、今や若者の文化としてすっかり定着したスポーツ。車輪のついたボードに両足で乗って滑る。技の難易度やスピードだけでなく、構成のオリジナリティも高得点のポイント。種目は2つあり、大小さまざまなくぼみを組み合わせたコースで滑る「パーク」は、斜面を利用した豪快な飛び出しや、空中での回転技が見どころ。街中の階段や縁石、坂道や手すりなどを再現したコースで滑る「ストリート」では、段差を飛びこえる間にボードを足から離して回転させるなど、バランスコントロールの技術を競う。

空手

琉球王国（今の沖縄県）の伝統的な格闘技「手」が、中国拳法の影響を受けて独自に発展した、日本発祥の武道。階級別に対戦する「組手競技」と、定められた形の中から選んだものを演武する「形競技」がある。「形競技」では、1回戦から決勝戦まで異なる形を選ばなくてはならない。

◉種目

	男子	女子
組手競技	-60kg、-67kg、-75kg、-84kg、+84kg（5階級）	-50kg、-55kg、-61kg、-68kg、+68kg（5階級）
形競技	（体重による区分はなし）	（体重による区分はなし）

写真は「組手競技」。相手を倒す強さだけでなく、受け・突き・打ち・投げといった全身の動きの美しさや気迫が重視される。

スポーツクライミング

壁に取りつけられた、サイズも形もさまざまな突起（ホールド）に手足をかけて、高い壁をよじ登る。自分の筋力や体格にあわせて、最適なルートを考える知力も必要。東京大会では「リード」「ボルダリング」「スピード」の3種目の結果を総合して順位をつける。

写真は制限時間内に登った高さを競う「リード」。ほかの2種目とちがい、ロープをかけながら登る。「ボルダリング」は制限時間内に登った本数を、「スピード」は15mの壁を登りきるタイムを競う。

競技時間内に行ったライディングのうち、高得点だった2本の合計点で競う。

サーフィン

ボードの上に立ち、波に乗っては滑りおりる「ライディング」の中で技を決める。技の難易度や創造性、革新性を、複数の審査員が採点する。開催地の波の形や高さ、勢いなどの自然条件に対応し、いい波を見逃さずに捕まえられるかが勝敗のカギになる。

スキー

1924年に始まった冬季大会は、多くのウインタースポーツの発展に貢献してきました。中でも競技人口が多く、花形といえる存在がスキーです。

ジャンプ

◉種目

男子	女子
ノーマルヒル	ノーマルヒル
ラージヒル（個人、団体）〈4人〉	−

ジャンプ台の上から滑り（助走）、その勢いを利用して飛ぶ。飛び始めのスピードは時速90kmに達する。飛距離を得点にした「飛距離点」と、滑空から着地までの姿勢の美しさを採点した「飛型点」の合計で競う。オリンピックでは、「ノーマルヒル」と「ラージヒル」という大きさがちがう2種類のジャンプ台を使う。

アルペン

◉種目

男女共通
滑降
スーパーG
回転
大回転
複合
団体（男女混合）*

＊2018年平昌大会から追加

雪山の斜面に旗門（ポール）を立て、ターンしながら旗門を通過するタイムを競う。オリンピックでは、旗門の間隔が広くスピードが出やすい「滑降」と「スーパーG」、旗門の間隔が狭くターン技術が求められる「回転」と「大回転」、滑降と回転の合計タイムで順位が決まる「複合」の5種目がある。

クロスカントリー

なだらかなコースを走るように滑る。足さばきを重視し、靴のかかとはスキー板に固定されていない。左右のスキー板を平行なまま動かす「クラシカル走法」と、スキーの先端を広げて進む「フリー走法」があり、「スキーアスロン」では前半と後半で2つを切り替えて滑る。「スプリント」は短距離種目。

◉種目

男女共通
クラシカル（男子15km、女子10km）
フリー（男子50km、女子30km）
スキーアスロン（男子30km、女子15km）
リレー（男子4人×10km、女子4人×5km）
スプリント
チームスプリント〈2人〉

フリースタイル

スピードやターンの技術、エア（空中での演技）などを競う。「スキークロス」では、起伏やカーブに富んだコースを4人でいっせいに滑り、タイムを競う。「モーグル」では、ターンを駆使してこぶだらけの急斜面を下り、タイムとエアの技術点の総合で順位を決める。「エアリアル」では、ジャンプ台を使って高く飛び、ひねりや宙返りなどのエアを行う。踏み切りから着地までの美しさをふくめた、エアの技術を競う。「スロープスタイル」でも同様にエアの技術を競うが、長いコースに設けられた手すりのような障害物の上を滑ったり、途中のジャンプ台から飛んだりと、より自由にエアが構成される。「スキーハーフパイプ」では、U字型の斜面を使って左右交互に飛び上がり、エアを決める。エアの技術とジャンプの高さで競う。

◉種目

男女共通
スキークロス
モーグル
エアリアル
スロープスタイル
スキーハーフパイプ

スノーボード

1枚のボードに横向きに乗って滑る。種目にはスキーと共通する部分が多く、「ハーフパイプ」「スロープスタイル」「スノーボードクロス」はフリースタイルに、「パラレル大回転」はアルペンに、「ビッグエア」はジャンプにそれぞれ似ている。

◉種目

男女共通
ハーフパイプ
スロープスタイル
スノーボードクロス
パラレル大回転
ビッグエア*

*2018年平昌大会から追加

ノルディック複合

◉種目

男子のみ
ノーマルヒル
ラージヒル（個人、団体〈4人〉）

スキーの「ジャンプ」と「クロスカントリー」を組み合わせた競技。ジャンプの成績をタイムに換算し、その分だけ時間差をつけて、上位の選手から順にクロスカントリーをスタート。クロスカントリーでは10kmを滑り、着順で競う。

スケート

ブレード（刃）のついた靴をはいて、平らに整えられた氷の上を滑ります。ブレードの形のちがいにも注目してみましょう。

1998年の第18回長野冬季大会のころ、靴のかかとがブレードに固定されていない「スラップスケート」が登場し、タイムが大きく短縮された。

スピードスケート

文字どおり、スケートで滑るスピードを追求する競技。1周400mのトラックを、2人の選手が、インとアウトのレーンを入れ替わりながら滑る。「チームパシュート」は3人でチームを組み、2チームで対戦。6人が同時にスタートし、男子は8周、女子は6周滑って、両チームの最後にゴールした選手のタイムで競う。「マススタート」は大勢でいっせいにスタートし、16周滑ってタイムを競う。

◉種 目

男女共通（一部、男女で距離が異なる）
500m、1,000m、1,500m、5,000m、 女子3,000m、男子10,000m
チームパシュート〈3人〉
マススタート*

＊2018年平昌大会から追加

ショートトラック

急カーブがある1周111.12mのトラックを滑り、着順を競う競技。「500m」「1,000m」では最大4人、「1,500m」では最大6人が同時にスタートする。レーンを設けないので、ほかの選手との駆け引きが勝負を左右する。選手同士がぶつかり合うこともめずらしくなく、ヘルメットなどの安全具の着用が義務づけられている。意図的な走路妨害は失格となる。「リレー」では、バトンを渡す代わりに次の選手の体を押して交替する。

◉種 目

男女共通
500m、1,000m、1,500m
リレー〈4人〉 （男子5,000m、女子3,000m）

急カーブで体を倒しても靴が氷につかないよう、ブレードと靴をつなぐ部分に高さがある。

ジャンプやスピンでつま先に体重をかけても安定するよう、ブレードの先に「トウピック」というギザギザがついている。

フィギュアスケート

氷の上で音楽に乗りながら、ジャンプやステップ、スピン（回転）などのさまざまな要素を組み合わせて演技する。各種目に、規定の技を必ず入れる「ショート」と、選手が自由に構成できる「フリー」がある。それぞれ技術点と演技点を総合して採点。ジャンプの回転数などに応じて、細かく点数が定められている。「ペア」と「アイスダンス」はともに男女2人で出場する種目だが、「ペア」にはリフト（男性が女性を頭上より高く持ちあげる）などダイナミックな技が多く、「アイスダンス」はステップを中心とした優雅な演技をするというちがいがある。「団体」は、男女シングル、ペア、アイスダンスをすべて行い、それらの総合点で順位を決める国別対抗戦。

◉種 目

男子	女子
シングル	シングル
ペア〈男女2人〉	
アイスダンス〈男女2人〉	
団体	

バイアスロン

「クロスカントリー」と「ライフル射撃」を組み合わせた複合競技。ライフルを背負ってクロスカントリーを行う。コースの途中に設けられた射撃所では、いったん止まって50m先の的を撃つ。的を外すと、タイム1分と距離150mのどちらか（種目によって異なる）がペナルティとして加算される。

◉種 目

男女共通
スプリント（男子10km、女子7.5km）
マススタート（男子15km、女子12.5km）
インディビジュアル（男子20km、女子15km）
パシュート（男子12.5km、女子10km）
リレー（男子4人×7.5km、女子4人×6km）
ミックスリレー（女子2人×6km＋男子2人×7.5km）

スキーをはき、銃を背負って雪山へ狩りに出ていた、昔の北欧の生活スタイルがもとになっている。森林警備隊の技術訓練としても用いられてきた過酷なスポーツ。

ボブスレー

氷でつくられたコースをソリで滑りおりる競技。スピード感とスリルにあふれ、「氷上のF1」ともいわれます。コースはリュージュと共通の場合が多い。

前でハンドル操作をする「パイロット」と、後ろでゴール時にブレーキをかける「ブレーカー」。４人乗りでは、さらにソリを押す「プッシャー」２人が乗りこむ。

ソリの重量は、男子43kg以下、女子35kg以下にするよう定められている。また、選手の体重が重くソリとの合計で男子115kg、女子92kgをこえる場合は、さらにソリを軽くしなければならない。

ボブスレー

ボブスレーとは、前方にハンドル、後方にブレーキがついた鋼鉄製のソリのこと。選手たち自らがソリを押し出し、スピードが出たところで飛び乗る。滑走距離は1,300m～1,700m。チームごとに２日間で４回滑り、合計タイムで順位を競う。

◉種 目

男子	女子
２人乗り	２人乗り
４人乗り	ー

スケルトン

上半身が乗るサイズの台と刃だけの、うすく小さなソリで滑る競技。うつぶせの姿勢で、頭を前にして滑る。頭から時速100km以上の速さで滑りおりるため危険とされ、2002年のソルトレークシティ大会（アメリカ）まで、50年以上オリンピック競技から外されていた。現在はヘルメットの着用が義務づけられている。２回または４回滑り、合計タイムで順位を決める。

スチール製の刃がついた「クーヘ」という部分を、足首で押しこむようにして操縦する。

リュージュ

ブレーキやハンドルのないソリでコースを滑り、タイムを競う。ソリには、足を前にしてあおむけの姿勢で乗りこむ。スタート時は、コースの壁に取りつけられたグリップを握り、反動をつけて飛び出す。滑走中の最高時速は120km以上になる。「チームリレー」は、男女１人乗りと２人乗り（男女不問）の４人でチームを組み、３本の合計タイムで競う。

◉種 目

男子	女子
１人乗り	１人乗り
２人乗り	
チームリレー〈４人〉	

カーリング

４人１チームで対戦する、別名「氷上のチェス」。１人が作戦を立て、別の１人がハンドルのついた丸いストーン（石）を氷の上に滑らせ、「スイーパー」とよばれる２人が氷をこすってストーンの進路を調整しながら、円形のハウス（的）の中心をねらう。チーム内で役割を交代しながら、１人２個のストーンを、相手チームと交互に投げる。ときには相手チームのストーンを弾き飛ばすこともある。計16個のストーンが投げられた時点で、ハウスの中心からもっとも近い位置にストーンを置いたチームが得点する。これを10ゲーム繰り返し、合計得点で勝敗を決める。

投球位置からハウスまでの距離は約40m。高度な作戦に加え、それを実行する技術と集中力が求められる。

＊2018年平昌大会より、「混合ダブルス」〈男女２名〉種目が追加

アイスホッケー

スケートリンクで行うホッケー。「氷上の格闘技」といわれるほどの激しいぶつかり合いがある。円盤型のゴム製のパックをスティックで受け渡しながら、相手のゴールに入れる。試合時間は20分×３ピリオドで、ピリオド間の休憩は１回15分。氷上でプレーするのは各チーム常に６人。体力の消耗が激しいため、何度でも選手交代ができる。

僅差で負けているときなどは、ゲーム終了まぎわにあえてゴールキーパーを下げて、代わりに得点力のある選手を入れ、６人全員で攻撃することもある。

さくいん

アルファベット

監 修

和田 浩一

フェリス女学院大学国際交流学部教授。日本オリンピック・アカデミー理事。

東京都教育庁指導部オリンピック・パラリンピック学習読本編集委員会委員および教育映像教材検討委員会委員を務めたほか、日本オリンピック委員会「オリンピアン研修会」や全国の大学･高校･中学校･小学校、教員研修会（東京都）、自治体主催の講演会や講座などで、近代オリンピックの創始者クーベルタンとオリンピズムを主なテーマに講演している。専門はオリンピック研究、体育・スポーツ史。神戸大学大学院教育学研究科修了。松蔭中学校・松蔭高等学校（神戸市）、神戸松蔭女子学院大学を経て、2014 年から現職。その間、2005 年にストラスブール第二大学第三期課程を修了。石川県出身。

編 集	ナイスク（http://naisg.com） 松尾里央　高作真紀　鈴木英里子　鶴田詩織　原宏太郎
装丁・本文フォーマット・デザイン・DTP	工藤政太郎　佐々木志帆（ナイスク）
イラスト	丸山眞一　ワカナコ
編集協力	山崎ひろみ
校 閲	山川稚子
写真提供	アマナイメージズ　共同通信社　朝日新聞社 Trustees of the British Museum　ゲッティ　フォートキシモト アフロスポーツ　糸魚川スキー博物館　HEAD Japan 下諏訪町立 諏訪湖博物館・赤彦記念館 グループ・ロシニョール株式会社　株式会社タバタ

オリンピック
大事典

初 版 発 行　2017 年 2 月
第 6 刷発行　2020 年 2 月

監 修　和田浩一

発行所　株式会社 金の星社
〒111-0056 東京都台東区小島 1-4-3
電話 03-3861-1861（代表）　FAX 03-3861-1507
振替 00100-0-64678　http://www.kinnohoshi.co.jp
印 刷　今井印刷 株式会社
製 本　牧製本印刷 株式会社

NDC780　80P　28.7cm　ISBN978-4-323-06471-0

Published by KIN-NO-HOSHI SHA Tokyo,Japan

オリンピック・パラリンピック大事典

全2巻

NDC780（スポーツ・体育）
A４変型判　80ページ
図書館用堅牢製本

オリンピックとパラリンピックの全体像がつかめる、オリ・パラ教育に役立つシリーズ。各大会が誕生した背景や、現在に至るまでの歴史、それぞれの意義などを詳しく紹介しています。夏季・冬季それぞれの競技種目や、2020年に開催される東京大会に関する情報も収録。

オリンピック大事典

監修：和田 浩一

Part1　オリンピックとは？
Part2　オリンピックの歴史
Part3　発展するオリンピック
Part4　2020年 東京大会に向けて
Part5　オリンピックの競技を知ろう

パラリンピック大事典

監修：和田 浩一 ／ 監修協力：堀切 功

Part1　パラリンピックとは？
Part2　パラリンピックの歴史
Part3　2020年東京パラリンピック
Part4　パラリンピックの競技を知ろう